レモンガスを作った男の挑戦

夢をかたちに

赤津一二

Akatsu Kazuji

KKロングセラーズ

レモンガスグループ　伸びゆく大きな木

グループ顧客数100万世帯

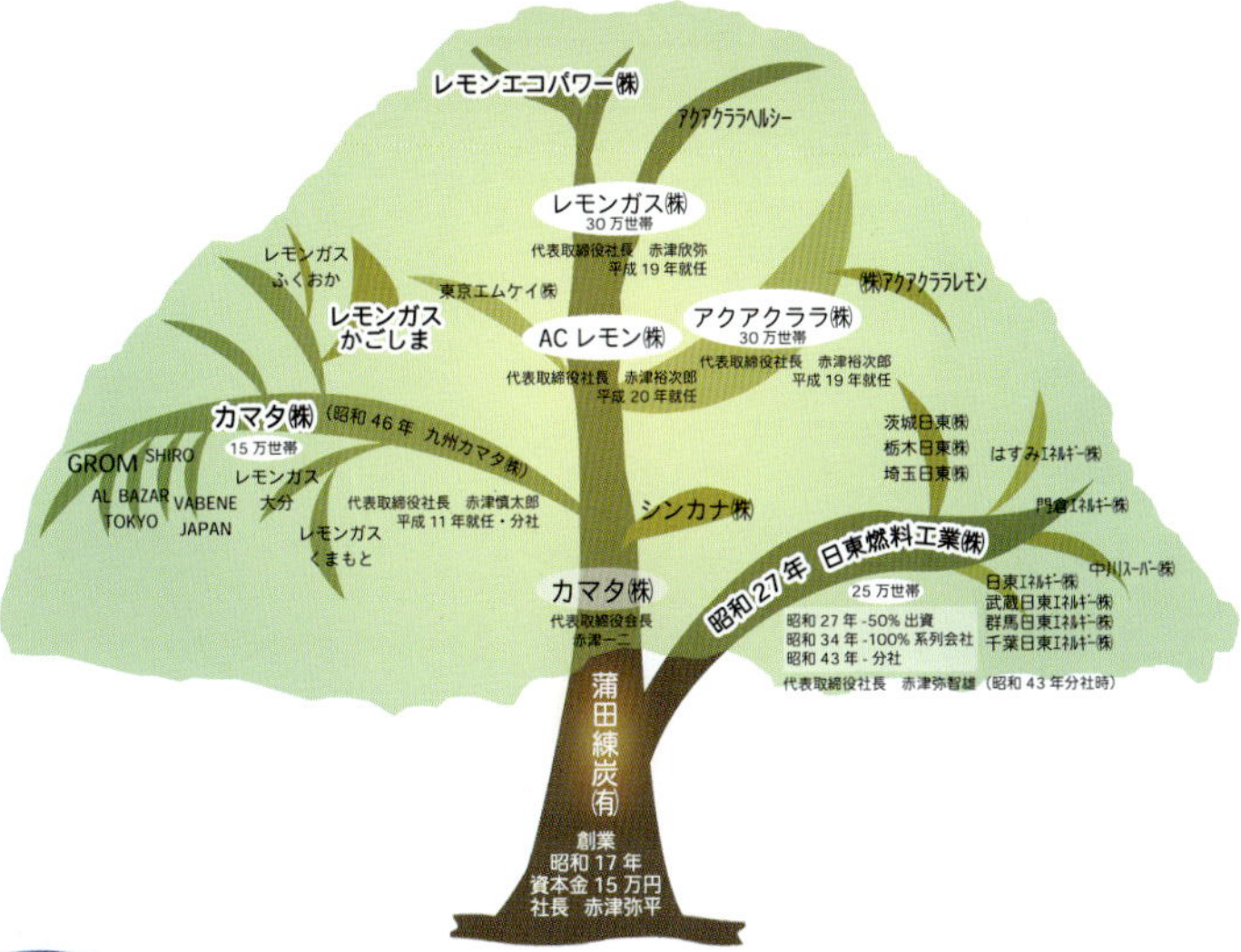

DJラップの
小島あやめの
CMが大反響を
起こす。

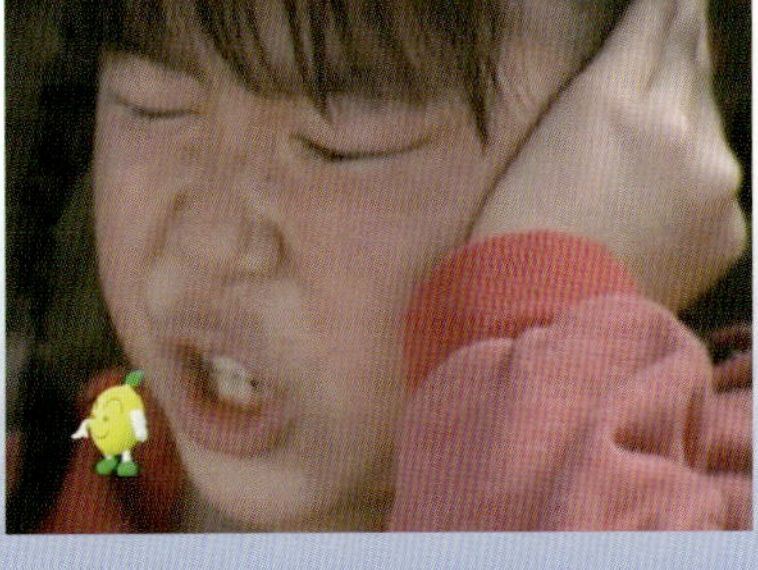

九州・福岡の老人保健施設マザー・テレサ奈多ケア院に行幸された天皇皇后両陛下。この施設は、カマタがLPガスによる360kWのコージェネレーションと300RTの空調設備により全館の発電・冷暖房・給湯設備を施工したもの。玄関ホールに見えるサンドブラストは、妻・美奈子の作品「水の妖精」である。(平成4年5月9日)

老人保健施設マザー・テレサ奈多ケア院の外観。

東京都と共同で作った大田区西糀谷にある都営住宅「グリイエ」。ＬＰガスで暖房、床暖房、給湯をすべて賄っている。災害時には地下のガスタンクを利用して炊き出しなどの災害救援に協力できる。「グリイエ」のネーミングの由来は、絵本『ぐりとぐら』からイメージした「ぐりの住む家」という意味。（平成11年施工）

「グリイエ」のＬＰガス供給設備。地上に見えるのは圧力調整機で、ガスタンクは地下に埋設してある。これほど小さな設備で、マンション全体の供給を行える。

アメリカ・ボーイング社で、戦争をともに戦った陸軍一式戦闘機「隼」と偶然の再会を果たす。

中国大陸で終戦を迎え、帰還して攻玉社高校に復学したころ。左から2番目が私である。他の人はみな私服だが、私だけは軍人用コートを着ている。軍隊経験をしたために、もう普通の16歳ではなくなっていた。（昭和22年）

はじめに

薄もやの中にやっと朝の光が差してきたころ、そこはすさまじい光景になっていた。

ＬＰガスの充填所に総重量五〇トンもあろうかという大きなタンクローリーが、まるで巨大な蛇が横たわったかのように長々と連なっている。運転手はみな現金を束にして持ち、その場で現金と引き換えにＬＰガスを購入し、タンクにガスを充填していく。それぞれが向かう先は二〇〇キロも三〇〇キロも離れた都市。運転手からは「なんとしてもここで買っていかねば」という気迫が感じられる。まるで喧嘩のような騒ぎなのだ。

普通、日本のタンクローリーの総重量は約三〇トンだから、中国のものは日本の二倍もの大きさだ。日本ではどんなに遠くても五〇キロ以内に充填所があるから、一〇〇キロも離れたところからやってくるなどということはまずない。つまり、それだけ需要が多いのに、充填できるガス基地が少ない。供給が追いついていないということなのだ。

これまで私は、仕事のためにたびたび中国に行っている。

さきほど話したのは、平成一五年（二〇〇三年）に、香港と中国の境にある深圳《しんせん》の新しくできたＬＰガス基地に行き、翌朝、外を見たときの光景である。日本ならタンクローリーは一時間くらいの距離から取りに来るのに、中国では夜中に三時間も四時間も走ってガスを取りに来るのだ。我々が考えるずっと遠くから、現金を握りしめてやって来る。

その需要の旺盛さを見たとき、私は「これはただごとではない、いずれは石油もガスも中国のためになくなる時代が来るだろう」と感じた。経済成長のスピードに供給がついていくようになったらどうなるかと思ったのだ。

当時、日本の人口は約一億二七〇〇万人で、中国は一〇倍の約一三億人。日本では七〇〇〇万台の車が走っていた。中国もやがて日本の生活に追いつくだろう。すると、車も人口と同じように一〇倍になるかもしれない。七億台もの車が走るようになったら、いったいどうなるのか。やがては中国全土で上海のように車が走るようになるだろう。七億台もの車を走らせるガソリンをいったいどこから調達するというのだろうか。世界におけるエネルギー問題のカギを握るのは、中国になるだろう。

仕事で行くようになるずっと前、まだほんの少年だったころに、私は中国と深いかかわりがあった。一五歳で特別幹部候補生に志願し、中国大陸で終戦を迎えたのである。

近ごろ、アンジェラ・アキの『手紙　～拝啓十五の君へ～』という曲がヒットしていて、全国の中学生が聞いているという。悩み苦しんでいる一五歳の少年や少女へ語りかける歌詞が、共感を得ているのだ。

私が一五歳のころ、日本国内のすべてが戦争ただ一色だった。一五歳の私を振り返ってみたとき、私には「戦争に行く」という選択肢しかなく、それが正しい道と信じて迷うことがなかった。今の一五歳の少年たちのように悩むことすら、できない時代だった。

なぜ、私が戦争に導かれていったか。戦争で何を体験し、何を感じ、何を得たか。その後、私は幸運にも生きて日本に帰ることができ、家業を継いで現在の事業にまで発展させることができた。仕事をするにあたって、中国での経験は決して無駄ではなかったと思う。

私は終戦後、家業の練炭の製造・販売会社を親から引き継いだ。時代の移り変わりを感じた私は、練炭をやめてLPガスを扱う会社に事業内容を切り替え、今日に至っている。まだ好調だった家業を捨て、未知の世界であるガスを扱おうというのだから、周囲には大反対されたが、それでも私は自分の道を信じて進んできた。

予想通り、当時たくさんあった練炭会社は、今ではすべてなくなってしまった。私が継いだのは、資本金一五万円で社員がたった二五人の小さな練炭会社だった。その事業内容を変革させて育て、現在ではＬＰガス会社「レモンガス」と水の販売会社「アクアクララ」を含めたＡＣレモングループ全体の売り上げは八〇〇億円、社員は一〇〇〇人にまで増えている。

戦争が私にとっても、日本にとってもよいものだったとは、決して思っていない。しかし、志願兵となった一五歳の私、事業を練炭からガスに切り替えた二〇代の私、それぞれがそのときの自分を信じて未知の世界へ精一杯チャレンジしてきたのだ。今、未来に向けて私のチャレンジは続いている。この本では、私の人生を振り返りつつ、現在の事業への展開や取り組みをお話したいと思う。エネルギーの供給という現場に長年携わってきた私の視点から、これからのエネルギーや環境のあり方についてもふれていきたい。

八〇歳を迎えた私のこれまでの生き方にふれることで、生きるということ、仕事をするということについて、読者の方々の心に何ものかを伝えられれば幸甚である。

二〇〇九年秋

レモンガスグループ会長

赤津　一二

3 都市ガスとLPガス

第二章　新システムとネットワークの共有で急速に発展

第三章　変化を恐れず、変化に挑戦

第四章　これからは水の時代になる！

第五章　私の昭和と戦争

1●一五歳の少年兵

2●厳しい軍隊生活

第八章　環境にやさしいエネルギー

1●限られた資源と環境問題

2●自家完結・分散型エネルギーへ

カバーデザイン　倉田明典
本文デザイン　仲野みゆき
ライター　高木香織

プロローグ

ＬＰガス、通称プロパンガス。二〇〇八年に大ヒットしたアニメ映画『崖の上のポニョ』で、主人公の宗介が住む家が使っていたエネルギーである。大津波で孤島状態になっても、プロパンガスのおかげで宗介とポニョは温かいラーメンを食べることができた。そのシーンを覚えている方も多いだろう。

家庭で料理をするときに、コンロのスイッチをひねればガスに火がつく。そのガスは、地下の配管を通り、各家庭に配られている。都市部に住んでいる人たちにとっては、それがあたりまえだろう。各家庭が密集して住んでいるからこそ、地下に配管を通してガスを配ることができる。それが都市ガスである。

しかし、ちょっと日本全体を見渡してみよう。人が集まって住んでいるのは、国土のほんの一〇パーセントほどの土地であって、あとの九〇パーセントは田園や山林に囲まれて一軒一軒が離れて建っている。そういう土地では、ボンベに詰めたＬＰガスが各家庭に配られているのである。家庭の台所の外側には、ボンベがきちんと並べて据え付けられている。全国五〇〇〇万世帯の約半分の二五〇〇万世帯で、プロパンガスが使用されているのである。日本の国土の特徴からみれば、LPガスはなくてはならないエネルギーなのだ。

LPガスというのは、ボンベの中身はみな同じである。許認可制だったLPガスが自由化になったとき、多くのLPガス会社との競争の中で、「どこよりも安全」「サービスがよく」「他社にはない供給方法」であることを消費者にアピールして、私たちのガスを指名してもらわなければならなくなった。

私たちは自由化を目前に控えた平成三年（一九九一年）、『レモンガス』というブランド名を確立した。ガスは危険であるというイメージを払拭して、爽やかなイメージを持たせたい。そればかりでなく、「レモン」にはこのようなたくさんの意味が込められている。

L……LPガス
E……エネルギー
M……メディア
O……オープン
N……ネットワーク

簡潔に言えば、「ＬＰガスという素晴らしいエネルギーを通して、開かれたネットワークを構築する」というのが、『レモンガス』というブランド名に込められた意味だ。

ＬＰガス業界の中で、いちばん早くガスにブランド名をつけたのは私たちである。そして、それをアピールするべく、ラジオやＴＶコマーシャル、ラッピングバスなどの広告媒体を通して広く消費者に知ってもらうように努めた。

『あやめちゃん』という元気な女の子が、ＤＪのようにレコード盤を指で回し「うち、うち、うちはレモンガス、今日も安全確認よ、ハイ！」と、ラップ調のメロディーに乗って歌うコマーシャルなどがそうだ。このコマーシャルがテレビで放映されると、電話の問い合わせが急激に増えるようになった。お客様にレモンガスのよさを広く知っていただけることになったのだ。

時代はどんどん移り変わってゆく。生活スタイルが変わり、情報化社会が進み、さまざまな流通がネットワークで繋がるようになっていった。他の公共料金と同じように、ＬＰガスもコンビニで集金することができたら、「家庭に誰かが必ずいる」ことがなくなった現代の消費者にとっては都合がいいだろう。私たちは、情報システムを作り、他社に先駆けてＬＰガスを他の公共料金と同じようにコンビニで支払うことができるようにした。これによって集金コストを大幅に削減することができた。

コンビニとの交渉をしていたとき、私はふとあることに気がついた。

それは、コンビニで売られているペットボトル飲料の多さである。お客さんたちは次々にコンビニや自動販売機でペットボトル飲料を買っていく。水というのは意外に重く、運びにくいものである。それを宅配してあげたらどうだろう。詰め替えボトルで宅配して回収すれば、捨てられるペットボトルも減るだろう。私たちはもともとガスボンベを宅配し、回収する事業を行ってきた。そのノウハウを水事業でも生かそう。

そうして現在、私たちが取り組んでいるのが、『アクアクララ』というボトルウォーターを家庭や企業のお客様にお届けするシステムである。美味しくて安心なミネラルウォーターを宅配し、飲み終わったらボトルを洗浄して新しい水を詰めてまた宅配する。これによって、ペットボトル飲料の半分の値段で美味しい水が買えて運ぶ手間も省けるうえに、捨てられるペットボトルも減ることになったのである。

もう一つ、私が長年考えていることがあった。

私たちが生活に必要なものを考えるとき、ひとくちに「ライフライン」という表現をする。ライフラインである「電気、水道、ガス」が切れると生活は成り立たない。では、これから五年、一〇年先の電気やガスなどのエネルギーはどうなっているだろう。

地球環境を考えたとき、石油など限られた埋蔵資源に頼るのはもう限界だと私は考えている。なるべく少ない資源で大きなエネルギーを得られ、廃棄物であるCO_2が出ないもの。そういったエネルギーに移行していくだろう。

そのような見通しを立てた私たちは、今のように環境問題が問われるようになるずっと以前から、次の世代へのエネルギー開発に力を入れてきた。まずはコージェネレーションシステムの研究開発を手始めとして、現在はその発展型として、燃料電池とソーラーシステムをドッキングさせた「W発電」の実用化に取り組んでいる。

第二次世界大戦後、日本のエネルギー事情はダイナミックに変遷してきた。そして今は、地球全体の環境を大きく視野に入れながら、エネルギーを考えていかねばならない時期に来ている。

私は、「カロリーとは文化である」と思う。ただむやみに無計画に使い散らしているのでは、理性的な人間による文化だとはいえないだろう。

人間は、これからのエネルギーをどう導いていけばいいのだろうか。

ではこれから、『レモンガス』というガス事業の視点を通して、戦後の日本のエネルギー事情を振り返りつつ、現代、そして未来エネルギーのあり方について、みなさんとともに考えていきたいと思う。

第一章　練炭から石油・ガス事業へ

父が経営していた小さな練炭製造販売会社

みなさんは、「練炭」をご存知だろうか。

戦前から戦後にかけて、家庭で使うエネルギー源といえば練炭が主流だった。

練炭の材料は、宇部興産の山陽炭を主に使い、粘着性の強い朝鮮炭に石灰を加えて固め、加工したものである。専用の上付けコンロに入れて使用するので、それに収まるような円筒形に成形されて穴が一六本あいている。家庭用はひと口に「四寸」という。「寸」とは戦前の長さの単位で、一寸は約三・〇三センチだから、四寸の練炭は一二・一二センチ幅ということになる。それぞれの家庭ではこのコンロを使って煮炊きをし、また掘り炬燵《ごたつ》に入れて暖をとっていた。

今でも居酒屋などでテーブルの下が一段下がっていて、足を下ろせるようになっている店がある。掘り炬燵というのは、そのテーブルに炬燵布団をかけたようなものである。当時は足を下ろす面の中央がさらに四角く窪んでいて、そこに練炭を入れた上付けコンロを据えていた。

いかにも手のひらでくるくると丸めたままの形の「豆炭《まめたん》」も、七輪やあんかによく使われていた。これも練炭と材料は同じである。

まだ石油ストーブやヒーターなどがない時代だったから、どこの家庭も暖房、炬燵、炊事は七輪だけが頼りだった。冬になると家族はみな温かい炬燵のまわりに集まってすごしていたものだ。

当時の川柳に、「勘違い　炬燵で母の　手を握り」というものがある。ひとつの炬燵の中に、密かに想いを寄せる女性の手も母の手も、何人もの手が入っている。好きな子の手だと思ってそっと握ったら、それは母の手だったという。今の人は遠い昔の話と思って聞くかもしれないが、昭和三〇年から四〇年ごろはこのような暮らしはあたりまえで、練炭は日本の主流のエネルギーだったのである。

父は東京都荏原区東中延で練炭を製造販売する会社を経営していた。母屋に隣接している工場で練炭を作って、販売するのである。

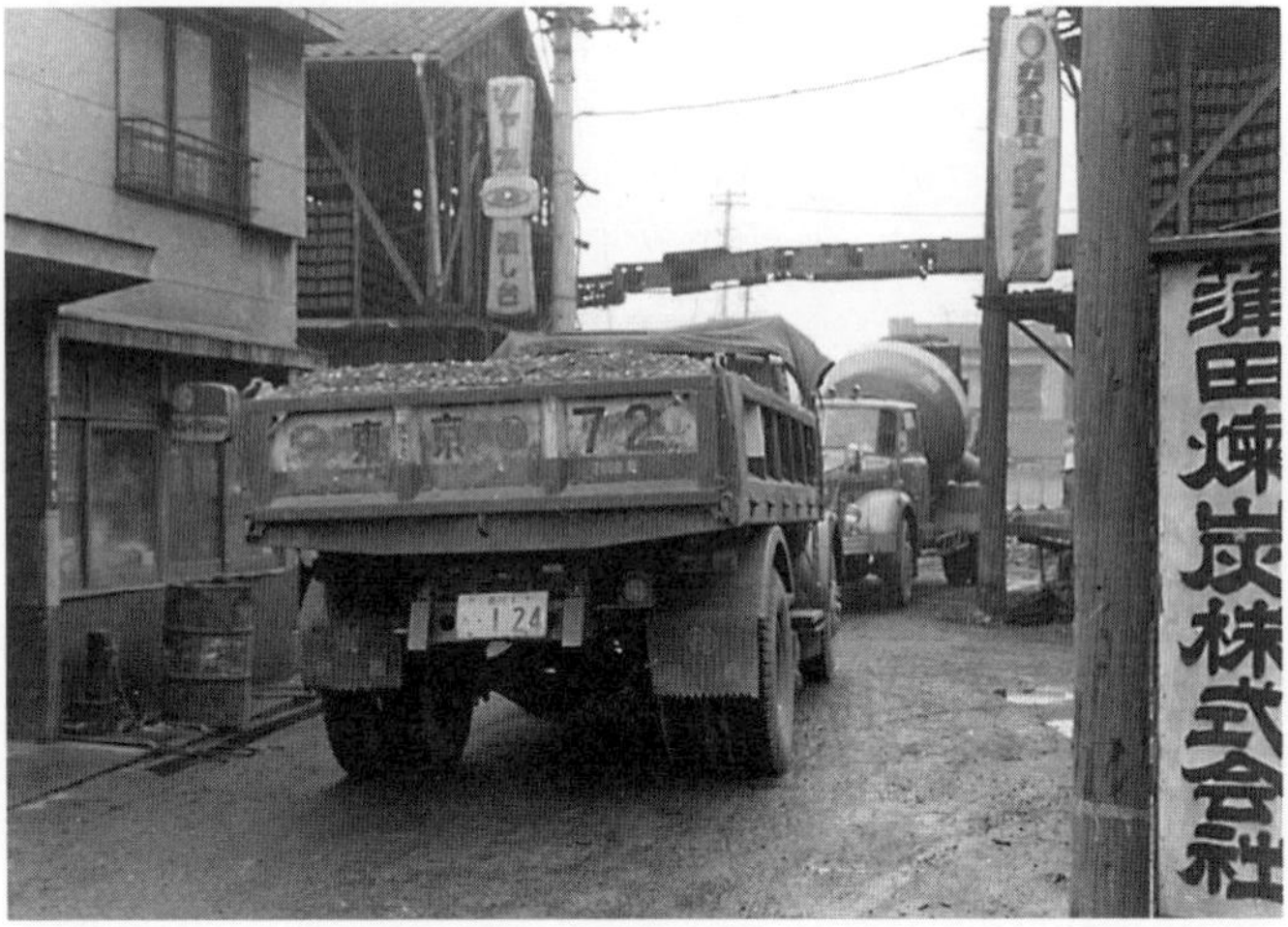

父が経営していたころの蒲田練炭の最初の工場。炭を扱うため、どこもすすだらけだった。(昭和42~43年ごろ)

第二次世界大戦の真っただなかの昭和一七年（一九四二年）、父は経営する練炭会社の名称を中延練炭から蒲田練炭と改めた。ところが、蒲田練炭は工場も母屋も空襲によってすべて焼け落ちてしまい、家族は故郷の福島に避難することになってしまった。戦後、世の中が落ち着きだしてから、一家はまた戻ってきて事業を再開したのである。

そのあたりはのちに大田区と住所名が変更された。大田区は大森と蒲田が一緒になってできた区である。両方の「大」と「田」をとって「大田」としたのだ。

当時、全国に練炭会社は一〇〇〇社ほどあり、そのうち東京都内には品川練炭、ミツウロコという大手会社を筆頭に一〇〇社くらいあった。そのなかで、父の経営する蒲田練炭は社員二五名ほどの小さな会社だった。全国規模でいったら、一〇〇〇社中の九〇〇番目くらいの小さな町工場である。

学校を出たての若僧にもわかった銀行の数字からの危機

私は昭和三〇年（一九五五）に慶応の大学院を修了し、蒲田練炭に入社した。その少し前の昭和二八年（一九五三）に朝鮮戦争が終結し、同時に朝鮮特需といわれた好景気も終わりを告げて、大変な就職難だった。大学を卒業してすぐならまだしも、大学院まで進んだものが就職できる先はそうなかった。プライドも高かったかもしれない。私は大学院で中国政治史を研究していた。だから、もう少し勉強して中国関係の仕事をと思っていた。といっても商社に勤めるといったことではなく、中国現代史の代表的な政治家である孫文、毛沢東、蒋介石の権力闘争の歴史と権力を裏で動かした宋三姉妹の関係について大学で研究したり教えたりしたいなどと、漠然と考えていた。

就職もせずにフラフラしている私を見かねて、父が「家の手伝いをしたら」と声を掛けてくれた。けれども、大学院まで進んだ私からすれば、黒い炭の粉まみれになって働く練炭の仕事などはひとつも面白いものではなかった。とてもその仕事に自分の将来をかける気持ちになれない。会社にはすでにふたりの兄も勤めていたが、彼らと一緒に仕事をするというのも気が重かったのである。

「仕事を探すまでの一年くらい、ちょっと足かけ半分くらいの気持ちで行くか」

それが当時の私の心境だった。

そんな状態が一年ほど続いたころ、父は私を銀行に連れて行った。そして、

「銀行との取り引きを全部お前に任せるから、これからはお前がやれ」

というのだ。普通なら、すでに長兄が会社の仕事をしているのだから、お金の流れは長男が見るものだろう。ところが、兄はあまのじゃくというか反骨精神というか、なにごとも父に反対していたので、父はその方面の勉強もしたこともない素人の私にさせようとするのだ。そして、会社の資金繰りや銀行とのつきあい方などを教えてくれるのである。

銀行とのやりとりの中で、事業の収支をみているうち、私はハッとした。

蒲田練炭は社員二五名、その時点では練炭は売れている商品だったから銀行の預金残高はそれなりにあった。しかし、収支のバランスが悪くなってきている。目に見えて売り上

げが落ちているわけではないのだが、練炭は成長産業ではなくなっているということが、お金の流れを見ているうちにわかってきたのだ。

練炭はすでに成熟産業だった。つまり、それ以上膨らむ余地のない業界だったのである。

「このままでは、五年後にはこの会社の収支はマイナスになる。会社の将来はない」

と私は思った。

私は慶応大学では政治を勉強していた。大学院でも商売とはまったく縁のない中国共産党史を研究し、経営を学んだことはない。経営の能力や感覚などはまったくない、学校を出たての若者だった。しかし、銀行の数字はそんな私にすら危機的な状況がわかるほど鮮明な流れを示していたのである。

のんびりと火力が弱く灰分の多い練炭に頼っている時代ではない

当時、品川（現在のシナネン）、ミツウロコが市場No.1の大手企業で、練炭の売値は、販売店の卸価格が一四個入りの一袋で二五〇円くらいだった。消費者というものは、名の知れた大手の商品を買いたがるものである。安心できるからだ。そのため、父の会社ではそれより三〇円安く一袋二二〇円で販売していた。そうしないと売れないのである。

練炭の原料は、国内炭五〇パーセント対外国炭五〇パーセントの割合で製造されている。国内産は宇部興産が扱う山陽炭、外国産はベトナムからホンゲイ炭という火力の強い粉炭と朝鮮から粘着力のある炭を輸入していた。大手練炭会社も父の会社も同じルートで同じ材料を輸入する。つまり、製品の内容も原価もまったく同じなのに、大手より小売値を安くしないと売れないのだ。それではいつまでたっても大手企業に追いつくことはできない。現状維持はできるが、成長性がないのだ。

練炭を作るには、原料である粉炭を貯炭場《ちょたんば》に山のように積み上げる。小さな会社だから、隣の家との境は塀がひとつあるだけである。強い風が吹く日などは、粉炭がサーッと近所の家に飛んでいってしまう。そのつど付近の家に謝りに行き、練炭の原料の山にホースで水を撒いて風で粉が飛ばないように落ち着かせなければならない。


もうひとつ、練炭には燃えたあとの灰に問題があった。

練炭は無煙炭を使って作る。だから、燃えたあとには石炭と同じように灰が残るのだ。どの家庭もその灰を道に捨てていたのである。

戦後、日本の道には舗装らしい舗装はされていなかった。むき出しの土の上を人も車も走っていたのである。雨が降ると道に水たまりができ、天気のいい日が続くとカラカラに乾いて土ぼこりが舞う。そんな状態だから、練炭の燃えたあとの灰を適当に道に捨てても誰も困ることはなかった。毎日毎日、どの家庭もやっているあたりまえのことだったから。

ところが昭和三四年（一九五九年）、五年後の昭和三九年（一九六四年）に東京オリンピックが開催されることが決まった。するとまず東京中の道路の整備が始まったのである。みるみるうちに道路は舗装され、整えられていった。そうなると、これまで適当に家のまわりの道路に捨てていた練炭の灰を捨てるところがなくなってしまったのだ。きれいに舗装された道には、練炭の燃えカスの灰というゴミを捨てられなかったのである。

練炭は、燃焼カロリーが低いのに、燃えカスである灰分はとても多い。それなのに、灰を捨てる場所がなくなりつつある。そのうえ東京オリンピックに備えて、東名高速道路をはじめとする道路整備を急がなければならないのだ。のんびりと火力が弱く、灰分の多い練炭に頼っている時代ではなくなってきていたのである。

そのとき私は、「練炭産業には、これ以上先はないな」と思った。時代の流れは、新しいエネルギー源を必要としていたのだ。

家族との軋轢

当時、すでに練炭は業種としては成熟産業だった。どの家庭も練炭を使っていたから、会社としての収益はそれなりにあった。その時点では「売れている商品」だったのである。しかし私は、もう練炭の時代は終わるのではないかと思った。カロリーが低く、灰がたくさん出る練炭は、一〇年後にはもう誰も使わなくなっているのではないか。しかし、もしそうなら練炭の代わりになにがあるというのだろう。

私は両親や兄弟に、

「このまま練炭でずっとやっていくの？　そのうち東京で練炭を使う人はいなくなってしまうんじゃないかな」

と話した。すると親兄弟は、

「東京で練炭が売れなくなったら、東北に土地を買って、そこで練炭屋をやろう」

と言う。そして「今のうちに仙台に土地を探しに行こうか」などと話し合っているのである。私は家族の話を聞きながら、「仙台に移ったところで、やがて社会全体が変化して仙台も東京のようになってしまうだろう」と思っていた。

ちょうどそのころ、大手ガス会社である東京ガスも石炭に代わる新しいエネルギーを探していた。たまたま慶応大学の後輩で娘が同じ幼稚園に通っていた関係で、後に東京ガスの社長になる安西邦夫さんと話をする機会があった。安西さんから、

「石炭はカロリーが低いのに、広い貯炭場が必要だ。そのうえ炭鉱ストライキが多く供給に安定さを欠くから、新しいエネルギー源を確保する必要がある。これからは石油とガスの時代になる。石炭からガスを作るのはやめて、これからは石油からガスを取り、近い将来はＬＮＧ（液化天然ガス）に切り替えることを考えている」

と聞いた私は、家業を練炭から石油やガスに変えたほうがいいのではないかと考えるようになった。

「石炭や練炭の時代はもう終わる。これからは家庭の厨房はガス（プロパン）に、暖房は石油ストーブになり、車の時代となる。だから、石油やＬＰガスを扱う会社にするべきだ」

と私は家族に主張した。

「生意気を言うな。だいいちそんな金はない」

長兄と次兄はあくまで練炭を東北でやるといって、私の話は一蹴された。練炭から石油

に事業転換するなら、設備を整えるために資金が必要になる。長兄は、その資金がないというのだ。しかし、お金はあった。それは、銀行と取り引きをしている私がいちばんよく知っていたのである。

「それほど言うなら、お前が自分でやってみろ」

蒲田練炭は昭和一七年（一九四二年）に創業したが、ふたりの兄のうち、次兄は昭和二七年（一九五二年）に、当時、葛飾金町にあった日東燃料工業に資本参加したときに専務という立場で移っていた。資本金一〇〇〇万円の日東燃料工業に、蒲田練炭が一〇〇〇万円増資を引き受けて参加したのである。その後、昭和三四年（一九五九年）に森田久作社長（当時）から株式を買い取り、完全系列会社とした。

父は私に銀行業務を引き継がせたころから、軽い脳梗塞を患っていた。少しずつ進行するタイプの病気だったが、そのころには半身不随になりつつあって話し合いには出てこない。その後、父は昭和四二年（一九六七年）に亡くなった。父の死後、長兄が蒲田練炭の社長に、次兄が日東燃料工業の社長となり、完全分社化した。

日東燃料工業を買収したころの両社合同の社員旅行。(昭和35年ごろ、伊勢神宮にて)

父は自分の病気の兆候に気づき、私に銀行業務を継がせるという方法で会社の全貌を見せたのかもしれない。父はあまのじゃくな長兄とは波長が合わなかった。

「このままでは会社の将来はない。必ず石油ガスの時代が来る」と確信していた私は、ふたりの兄をなんとかして説得しようとした。

ふたりの兄には、変化に対応する考えはまったくなかった。それはこの業界にもいえる。当時、同業者が一〇〇〇社ほどあったが、練炭を捨てて石油ガス事業に転身し、成功したのは二〇社程度である。そして現在、生き残った企業は一〇社程度しかないのだ。
「それほど言うなら、お前が自分でやってみろ」
「じゃ、そうするよ」
そう言って、私は新規事業の石油ガスに経営方針を転換したのである。

ライバル企業の冷笑の中で

銀行取引を通じて経営状態を知っていた私は、実績を上げるために、まず営業をしなければならないと思った。そして、練炭の仕事は引き続きやりながら、石油とガスの勉強を始めたのである。

当時、蒲田練炭は資本金一五万円の会社だった。販売地域は蒲田を中心に目黒区、世田谷区、それに隣の川崎。その範囲内くらいしかなかった。東京近郊には一〇〇軒ほど練炭会社があったが、品川練炭とミツウロコが横綱とすると、橋本産業とミツワが大関、蒲田練炭は十両くらいという規模だったのである。

「このままではいけない、なんとかしなくては」

その思いでいっぱいだった。練炭を売りながら、「次の時代はきっと石油やガスの時代

大学院を出たばかりで、社員の先頭を切って真っ黒になって働いていたころ。練炭を運ぶために、セーターはいつもボロボロだった。(昭和28年ごろ)

になるだろう。しかし、石油だけで飯が食えるだろうか」と、そればかりを自問自答している毎日だった。

そうなると、もう必死で働いた。私は大型二種の免許を持っている。自分でお客さんを開拓して、自分でトラックに練炭一四個入りの袋を二三〇袋も積んで、配達した。鶴見川を渡って横須賀まで行って自分で開拓したお客さんに配達し、午後六時ごろ帰ってくると自分自身も炭粉で真っ黒だ。蒲田駅に石灰が入荷していると言われて、今度は白い石灰を引き取りに行く。そんな毎日だった。

当時、呑川《のみかわ》の向う側に蒲田練炭より

も大きい花形練炭という会社があり、そこで灯油を扱っているというのを聞いて、石油タンクを見に行ったり、川崎にあるガスの充填所を見に行ったりもした。必死に働きながら、いろいろ考えていたのである。

しばらく後の話になるが、私は練炭を扱うのを全面的に止めたあと、結局、石油だけではなくLPガスで新しい事業展開をすることになる。そのとき私は、

「兄弟の反対を押し切ってLPガス事業をするからには、きっと一流の会社にする」

と固く心に誓った。

しかし、まだ練炭事業の陰りがはっきり見えていなかったその当時、私の行動はほかの練炭会社からは不思議なものと受け止められていたようだ。儲かっている事業を捨てて、別の事業内容に切り替え、資本投資して設備をいちから整えていこうというのだから。

ライバル企業の練炭会社の人たちは、私の行動を見下して、

「蒲田練炭はなにをやっているのか。お手並み拝見だね」

と笑っていたそうだ。しかし、変化を予見し、事業転換しなかった多くの練炭会社は、今は潰れてすべて消滅してしまったのである。

2、LPガス事業へ転換

最も大切なのは五年後一〇年後を見極める力

大きな池の中に、鮮やかな緑の葉がいっぱいに広がっている。中ほどに一輪、清楚なハスの花が薄桃色の花を咲かせた。まわりにはこれから花を開こうとしている若い蕾がたくさん出ている。

はじめはたった一輪のハスの花だが、毎日倍の数に増えていって月末の三〇日に満開になるとしよう。では、半分の花が咲くのは、いったい何日目になるだろうか？

たいていの人は「半分だから一五日目」と答えるだろう。

試してみよう。はじめの日にまず一輪。翌日には二輪、四、八、一六、三二、六四、一二八、二五六、五一二、一〇二四輪……。緩やかだった開花のスピードが徐々に急激に増えていくのがわかるだろう。

答えは、「月末の前日」である。前々日は四分の一が咲いている。一〇日くらい前では、多くの人はその変化に気づかないかもしれない。けれども、最後になってハスはみるみるうちに花開き、あっという間に池じゅうが何万という花で埋め尽くされてしまうのだ。ハスの花はいっぺんに花開く。私は経営も同じではないかと思う。多くの人は、満開になる数日前までハスが開き始めていることすら気がつかないかもしれない。しかし、満開になって、誰もが時代が変わったと気づくころには、もうすでに手遅れになってしまっているのである。

時代が変わってしまってからでは、もう事業転換は間に合わない。時代が変化する予兆が見えたときに、すばやく手を打たなければならないのだ。

社会の五年後、一〇年後はどうなるのか。経営者にとって、それを見極める力がもっとも大切なものだと思う。

父の会社を引き継いだころ、私は、

「きっと時代は変わる。しかしそれはいつ、いったいどのように変わっていくのか」

と模索し続けていた。時代が変わってしまってからではおそらく遅いだろう、という予感だけがはっきりあったのだ。

東京は昭和三九年（一九六四年）に開催されるオリンピックに向けて、どんどん整備されていく。都市部では練炭を燃やしたあとの灰を捨てる場所がなくなり、お客さんから灰を回収しなければならない時代が必ず来る。

お金を出してゴミを引き取ってもらうのがあたりまえの現在と違って、そのころは灰やゴミの回収にお金を出すなどという人は誰もいなかった。このまま道路が舗装されれば、いずれ一個二〇円の練炭を買ってもらうために、会社は無料サービスで灰の回収もしなければならなくなる。そうなると、かえって人件費がかかってしまう。こんなことはいつまでもやれないと思った。

練炭の次は石油、でも石油は台所には向かない

家庭で使う燃料は、練炭の次には利便性の高い石油が来るだろう、と私は思っていた。そうして実際に石油製品を取り扱うようになり、シャープの石油ストーブはずいぶんと売った。当時、シャープが石油ストーブを販売していたなど、今の人たちには想像もできないだろう。

ところが、しばらくすると、私は「石油は台所には向かないな」と気づくようになった。

LPガス事業のスタートとして、大田区西糀谷にLPガスの第一号充填所を設置したときの開設式。練炭屋からガス屋に事業転換した、記念すべき日である。これが全社員で、販売店の方の姿もみられる。正面前列の杖をついているのが、父弥平。弥平から左二人目が私。（昭和37年）

練炭は暖房として掘り炬燵にも使うが、もっと大きな用途はコンロに入れて台所で調理のために使うことだった。ところが、灯油を扱ったことのある人ならわかるように、灯油を石油ストーブに移すと、石油独特の揮発性の強い匂いがする。繊細な味つけをする日本の台所では、あの匂いは嫌われるだろう。調理用熱源としては、石油は定着しないに違いない。

そのとき、私は「それならLPガスがあるな」と思ったのである。もともとガスは無臭だ。「ガスは玉ねぎが腐ったような匂いがする」というのは、万が一、ガス漏れを起こしたときにすぐ気がつくようにわざわざつけてある匂いなのだ。

LPガスなら需要がある

ＬＰガスは、サウジアラビアなどの中近東で原油を発掘したときに出る随伴ガスと、国内の石油メーカーが原油を精製したときに出る随伴ガスの二種類ある。すでに石油を扱っていて輸入・製造元とは取り引きがあるので、そのままＬＰガスに取り引きを変えることは容易だった。

そのころ、東京ガスではすでに都市ガスの原料を石炭から石油に、さらに天然ガスに切り替えつつあった。住宅の密集している大都市には都市ガスが入っている。しかし、日本の国土の九〇パーセントは山岳地帯や農村である。都市ガスが普及するには時間がかかる。ＬＰガスは分散型で個別対応ができる。ここに需要があるのではないか。

それからが大変だった。家族には大反対されているから、孤立無援。練炭を扱っていたときは設備投資がすでにされてあって、製品だけを作って売っていればよかったのが、ＬＰガスに切り替えるためには新しく充填設備を作り、販売ルートも新規に開発しなければならない。それまでの形態を「破壊」し、新事業に「脱皮」させる必要がある。

蒲田充填所の開設式。充填所入口前にて。

設備投資をしたけれど、予想が外れてその事業がうまくいかないことだってある。それが怖いために、そのころ一〇〇〇社くらいあった練炭会社はみな事業転換できないでいたのだから。そんな不安を抱えながらのスタートだった。

昭和三七年（一九六二年）、ＬＰガス事業の皮切りとして、今の大田区西糀谷にＬＰガスの第一号充填所を開設した。そこから徐々にあちこちに充填所を作っていったのである。

事業形態としては、販売店を通して小売りする「仲卸し」である。そのため、充填所を作りつつ、販売店を開拓していかなければならない。販売店が一生懸命にお客さんにＬＰ

ガスを売ってくれてこそ商売が成り立つのだ。新しい事業をはじめるにあたって、顧客を得るためには、まず熱心で力のある販売店をたくさん獲得する必要があった。

販売の原点はファン作り

私は必死に働いた。社員の陣頭指揮をとって、練炭でもなんでも自ら先頭に立って運び、トラックを運転して早朝から夜中まで走りまわった。

会社を経営するために大切なことは、三つある。なにより大事なのは、社員の信頼を得なければならないということ。突然社員の中に入っていって、偉そうなことばかり言ってろくに働かないでいたら社員はついてこない。まず自分が誰よりも働いてみせることが必要である。

二つめは、資金に余裕のない中小企業は、取引銀行の信頼を得ることが大切である。

三つめは、いい販売店をどれだけ得られるかである。自由化になるまでは、ＬＰガスの販売店は許認可制だった。製造には作業主任者がいなければならない、などといろいろな規制があったのだ。販売店には販売主任者を立て、さらに顧客に販売するノウハウを身につけてもらわなければならなかった。店売りの商品と違って、ＬＰガスは一軒一軒の家をまわってガスボンベの回収や充填、配送をしなければならない。そのときに顧客との密接なやり取りが求められるのだ。熱心でこまめな販売店が顧客数を伸ばしていくのである。

そのころ私が開拓した販売店の人たちは、その後四〇年以上たった今も私を支え続けてくれている。それほど続いてくれたのはいったいなぜだろうか。

それは、販売店の人たちが、私自身を信頼してくれたからである。新規の取り引きをするときに、私は自分の信念を一所懸命に話して「一緒にやっていきましょう」と説得するようにしている。そうして誠実に取り引きを続けているうちに、やがてなにか難しい事態に直面しても「あの人が言うんだから、仕方がない。黙ってついて行こう」という信頼を得るようになっていくのだ。

私は、商売や事業は「ファン作り」が原点だと思う。「あなたがそう言うなら従いましょう」という信頼があれば、取り引き価格が高いか安いかなどは問題ではなくなる。仕事相手に自分のファンになってもらうような努力をすることが大切だと思うのだ。

最近は、日本でもアメリカ型の経営方法がみられるようになった。よそからひょいっとやってきたサラリーマン社長が思い切ったことをやり、うまくいかずに会社が傾いたらさっさと辞めてしまう。自分だけはある程度のお金をためて去ってしまい、残った社員が困ろうと、怒鳴ろうと関係ない。そんなのは無責任だ。

オーナー社長はそうではない。社員や関係者が困る状態にならないように、必死に事業を守り育てるのだ。

最近のアメリカの経済破綻の原因のひとつとして、企業価値を数字に置き換えて企業を株式投資の対象とし、高値をつけて売り抜けていくといった風潮があげられるといわれている。そのため、長期的に企業を育てていくことや社員や取引先との信頼を重要視することを軽んじる現象がみられることが大きな問題になっているという。

昔と今は時代が違う、と言われるかもしれない。しかし、経済が成熟しきってしまった今だからこそ、逆に人の信頼を得ながら企業を愛し育てる、という原点を忘れずにいることが大切だ。

「儲ける」という字は、「信じる者」と書く。「信じる者＝ファン」を作ることこそ販売の原点であると思う。戦前からの取引先である練炭時代からの販売店は、事業の主体が固形燃料の練炭だったころから、液体燃料の石油に、そして気体燃料のＬＰガスの販売、さらに新規事業としてのアクアクララの水事業へと、親子三代に渡って引き継いでいるところも多い。ともに変革をしながら、事業を継承していく多くの販売店が当社を支えてくれているのである。

新神奈川石油ガスを買収し、直販へ

昭和四二年（一九六七年）、父が亡くなった。それを機に、私は本格的にＬＰガスに取り組むようになっていった。

その年のある日、丸紅液化ガス部の白土光夫課長から電話がかかってきた。

「新神奈川石油ガスにガスを売っているのですが、入金が滞り始めているんです。どうも担保がないのに事業を拡大しすぎ、倒産寸前になっているようなのです」

もうこれ以上ガスを供給できないというところまで来てしまった。しかし、営業基盤があるから、潰してしまうのはもったいない。もしものときには蒲田練炭にご迷惑をかけないから、二〇〇〇万円融資してくれないだろうか、というのである。

蒲田練炭は卸し主体でやっている。一方、新神奈川石油ガスは小売り主体の会社だったから、営業地盤があり、顧客をたくさん持っている。その営業権は魅力的なものだった。

それで私はなんとかしようと考え、丸紅からは二〇〇〇万という希望だったが、とりあえず銀行から借りて一〇〇〇万円を融資することにした。資本金一五万円の会社が担保も取らずに一〇〇〇万円貸し出すというのは、とても勇気のいることだった。

すると一ヵ月後に再び丸紅から連絡があり、「もう一〇〇〇万円出してほしい」というのである。

「お金を出すのはいいけれど、それなら資本参加という形にしましょう」

と私は言い、はじめの一〇〇〇万円は融資、次の一〇〇〇万円は資本金として出すことになった。新神奈川石油ガスは資本金一〇〇〇万円の会社だったから、それで資本金が二〇〇〇万円になった。蒲田練炭からは、専務として私の弟が出向することになった。

ところが、半年後になって、「どうしても資金が足りない。もう少し出してほしい」というのである。そこで丸紅の監査室に出向き、監査の資料を見せてもらうと、さらに六〇〇〇万円ないとやっていけない状態だということがわかった。

新神奈川石油ガスには土地や建物といった含み資産があるから、お金はそれを担保として出すことはできる。しかし、なぜそれほど資金が足りないのか、私は不思議に思った。なにか原因があるのではないか。それが解決できなければ、いくら融資したところで結局立ちゆかなくなるのではないか。

その原因は、そのころ起きたある事件をきっかけに判明したのである。

社員のモラル低下が企業を潰す

伊豆に八丁園というホテルがあった。そこに八〇〇万円の売掛金があるという。新神奈川石油ガスがLPガスを売った代金が、集金されていないのだ。

いまにも潰れるという会社に、そんな未集金の大金があるなんておかしい。すぐ集金しに行こうということで、八丁園に出かけていった。すると女将がこう言うのである。

「ガス代の八〇〇万円はお支払いします。でも、そちらにも未払いの八〇〇万円がありますから、それをお支払いください」

なんと新神奈川石油ガスの社員は、LPガスの集金に八丁園に行くと、その集金の金額分で飲食していたのだ。ホテルはガスをたくさん使うから、毎月二〇〜三〇万円のガス代がかかる。それを集金に行くたびに、同社の専務が社員を連れていき、芸者をあげてドンチャン騒ぎをしていたのだ。その料金が毎月溜まっていき、八〇〇万円もの金額に膨れ上がっていたのである。その専務は、会社が潰れるかもしれないというのに、自分は外車を乗りまわしているような人間だった。

調べてみると、このような事態はこればかりではなかった。ほかの販売でも帳面にある売掛金が回収されずに社員のポケットに入っていたり、売掛金分の飲み食いが自由だったりした。社員のモラルが低いために、集金したお金が管理されていないのだ。それでは会社のお金もなくなるわけである。社員全体がそういったムードになっていたのだ。

潰れる会社というのは、なにか原因があるものだ。しかし、昭和三〇年代以降の高度経済成長のころには、こういった会社も結構あった。社会全体の雰囲気として、好景気だという安心感があったのだろう。

丸紅の監査室でもらった資料を検討した結果、全部で八〇〇〇万円出して会社全体を整備すれば、立て直せると思った。けれども、社内がこのような状態である。すでに出した二〇〇〇万円は諦めて手を引くか、あと六〇〇〇万円出して再建するか、どちらかの選択を迫られることになった。昭和四三年（一九六八）のころ、資本金一五万円の会社が八〇〇〇万円の資金を調達し、融資することは至難の技であった。

私は、社内を整えて再建する道を選択した。しかし、この状況を知った当時の銀行は、まだ六〇〇〇万円を融資するほど信用がなく、お金を貸してはくれなかった。

もうすぐ東名高速道路ができるという土地の値上がりを見越して、川崎インター近くに所有していた土地四〇〇坪と一〇〇〇坪の小田原充填所を丸紅に売却して資金を作り、新神奈川石油ガスに融資して、完全に系列会社にしたのである。

人間の性格は企業の風土に左右される

私はただちに、新神奈川石油ガスの社内改革を始めた。

社員の行動を全部克明に調査して、集金で飲食したりポケットに入れていた社員はみな辞めてもらった。社員は一七〇～一八〇名ほどいたが、営業を担当していた人のほとんど、五〇人くらいには辞めてもらったのだ。全体的なモラルの低下を立て直すのは容易なことではない。一度そういうことをしてしまった人は、更生するのはもうかなり難しいだろう。

残った社員には、私自身が新神奈川石油ガスに行き、陣頭指揮をとってモラルの改善を行った。そういったことが許されるムードに、社員全体が染まっていたからである。ひとりひとりと向き合って話して、考え方を変えていくように対面教育をしていった。

そうして新神奈川石油ガスの再建には、五年ほどもかかった。社員のモラルの向上を図

丸紅の役員とともに、毎年ゴルフ会を行っていた。後列左から二人目にはロッキード事件に関与した伊藤宏専務の姿も見られる。（昭和50年ごろ、御殿場の太平洋クラブにて）

り、垂れ流し体質を改善する。これはなかなか大変なことだった。しかし、逆に社員ひとりひとりの心の教育ができると、自然と垂れ流しも解消されていくし、個々の努力で収益も上がっていくものである。

その後、蒲田練炭は昭和四八年（一九七三年）に「カマタ株式会社」と社名変更し、平成三年（一九九一年）に現在使用している「レモンガス」の商標を確立した。初期のころに小売部門を持つ新神奈川石油ガスを吸収し再建したことで、現在ではレモンガス直販事業部となって利益の中心を支える母体ともいえる存在になっている。

これは、私が行った最初の企業買収である。買収してからその企業をどう立て直して、利益を出せる会社に育てていくか。これがとても大切なのだ。

私は、「人間の性格は性善でも性悪でもない。その企業の風土によって左右される」と思う。会社という集団の中には、絶対の善も絶対の悪もない。中間管理職がどう考えているかというのが大きいのである。本当はいい人なのに、上司が悪い考え方をしていると、それに染まってしまうのだ。

中間管理職が会社の企業理念を理解して、部下を「頑張ろう」と励まして仕事をしている会社は絶対悪くはならない。社員は教育指導をするリーダーが正しい行いをすれば、そちらに染まる。社内に問題があって潰れる会社は、たいてい中間管理職が悪くて潰れるのだ。だから、辞めてもらうのは悪い中間管理職。一般の社員には残ってもらう。その意味で、中間管理職をどう育てていくかが、会社にとっては非常に重要である。

縁が結びつけた販売ルート

新神奈川石油ガスがおかしい状態になっている、と連絡をくれたのは丸紅だった。なぜ、そこで丸紅が登場したのか、ここで少し石油とガスの流れについて説明しよう。

丸紅の白土光夫さん（右）とは気が合い、月3日は銀座で飲んでいた。白土さんのおかげで九州への事業展開をスタートすることができたのである。情報を提供してくれるばかりでなく、サウジアラビアやクウェートなどにも同行して世界のエネルギー事情を教えていただいた。（昭和54年ごろ）

ＬＰガスは、原油を輸入してガソリンなどを精製するときに同時に採れるガスと、中東などの海外で石油を採掘するときに石油を押し出すようにして地上に出てくる随伴ガスとがある。

原油を輸入して精製する製造系の企業には、日石や昭和シェル、東燃、出光などがある。ここで作られるＬＰガスは「リファイナリーガス」と呼ばれる。石油精製時に併せて採れてしまうガスなので、あまりコストはかからない。プロパンのほかに、多少不純物のガスが混ざるという特徴がある。

一方、サウジアラビアやクウェートから直接ＬＰガスそのものを輸入している企業には、前述の石油メーカーのほかに丸紅や三井などの商社がある。輸入ガスのほうが品質が一定しているため、「純プロ」と呼ばれる。それで私は、主に丸紅と取り引きをしていたのである。

昭和三〇年代ごろのＬＰガスの販売方法は、ガスボンベを各家庭に届け、ガスを使い切ってしまうと販売店に連絡をして、別のボンベを持ってきてもらうというものだった。ガス切れを起こすと、その日の夕食の調理には火を使えない。そのため、料理の途中でボンベを持ってきてもらうということがしばしばあった。

丸紅の話に戻ろう。

当時、丸紅の液化ガス部の担当課長は、白土光夫さんという方だった。この人は、福島県の出身である。磐城中学から戦争中に海軍兵学校に進み、軍隊に入っていた。終戦を迎えて日本に帰ってきてから、慶応大学に入学したという経歴の持ち主だった。

私も福島出身で中学時代に軍隊に入り、終戦で帰ってきてから慶応大学に入っている。白土さんとはよく似た経歴を持っていたことや、その人柄に魅かれたこともあって、彼が亡くなるまで仕事上の取り引きを離れて、親友のような形でお付き合いさせてもらっていた。

そんなこともあり、新神奈川石油ガスの件も倒産という事態が表面化する前にそっと連絡をくれたのである。

白土さんと同郷・同窓であって親しくしていたというのは本当に偶然なのだが、前向きに誠実に仕事をしていくと、しばしばこういう縁に出合うことがあるものだ。なにか目に見えない流れのようなものがあるのかもしれない。

そんないきさつがあって新神奈川石油ガス株式会社を系列会社にしたことが、その後の業績を伸ばすきっかけとなったのである。

LPガス（液化石油ガス）とLNG（液化天然ガス）

これまでの話の中に、たびたびLPガスと都市ガスが出てきた。読者の中には、その違いが不明瞭な方もいるだろう。ここで少し、そもそもガスとはどんなものか、また、戦後日本のガス事情の移り変わりについて説明しておきたいと思う。

LNGは、Liquefied natural gasの略で、「液化天然ガス」と訳す。LPGは、Liquefied petroleum gasの略で、「液化石油ガス」の意味である。「液化天然ガス」は主に都市ガスのもとになり、配管を通って各家庭に配られる。「液化石油ガス」は主に容器に詰められて、各家庭に設置されて使われる。

2010年度の当社の入社試験で、学生たちにLPガスと都市ガスの違いを聞いたところ、ほとんどの人は「まったく違う」と答えたが、ではどのように違うかと重ねて聞くと、説明できる人は誰もいなかった。

同じガス体エネルギーで、地下埋蔵管で供給される方法を「一般ガス」といい、通称「都市ガス」と呼ばれている。プロパンガスボンベを集中するなどして簡易な製造設備を置いて七〇世帯以上に同時に供給している場合は「簡易ガス」という。そして、個別に対応しボンベで供給されているガスが「ＬＰガス」で、通称「プロンパンガス」である。中身のガスの違いではなく、供給方法によって区分されているのである。

例えば、都市ガス会社のうち、大手都市ガス会社数社はＬＮＧで供給されているが、中小の都市ガス会社はＬＰガスで供給している。

また、大手都市ガス会社でも、カロリーアップのために、ＬＮＧにＬＰガスを足しているのである。都市ガスの原料であるＬＮＧは九〇〇〇キロカロリーほどだが、ＬＰガスは二万四〇〇〇キロカロリーである。大手都市ガス会社はカロリーアップのためにＬＰガスを足して、一万一〇〇〇キロカロリーにして供給しているのである。

「ＬＰガス（液化石油ガス）」は、主に油田から採られる。よくテレビなどで中東の砂漠の油田のシーンが映ると、細いパイプの先で火がボーボー燃えているのに気づくだろう。これが石油ガスである。随伴ガスといって、原油の採れる層と同じ所にあるものだ。原油自体は液体で力がないので、ＬＰガスの力で原油を押し上げて地上近くに出てくるのだ。

昔は、そのガスの使い道がわからず、そのまま空中に放置するのは危険なので、パイプを通して燃やしてしまっていた。しかし、考えてみればガスだって燃える力（カロリー）があるわけだから、もったいないじゃないかということで、今は取り出して使うというようになったのである。このほかに、ガス田から採れるガスもある。都市ガスの原料であるＬＮＧは、このガス田から採取したガスである。

もうひとつは、原油を精製するときに採れる石油ガスである。これも石油とともに採れることから随伴ガスといっている。日本ＬＰガス協会の調べによると、現在の世界のＬＰＧ生産量は約二億トンといわれ、製油所から三九パーセント、天然ガス田と油田の随伴ガスから六一パーセントが産出されている。

ＬＰガスを圧縮すると、液化して二五〇分の一の体積になる。それをボンベに詰めて持ち運びをすることから、通称として「プロパンガス」と呼ばれている。

ガス自体は無色・無臭である。しかし、漏れたときにすぐに分かるようにわざわざ臭いをつけている。よく「玉ねぎの腐ったような臭い」といわれるのがそれである。

ＬＰガスは、分子記号では「C^3H^8」と表される（正確には、これにブタンC^4H^{10}が加わる)。これに対し、LNG(液化天然ガス)は、「CH_4」と表記する(正確には、これにエタンC_2H_6が加わる)。Cは炭素、Hは水素で、ガスはその化合物になるわけだが、分子の数の違いによって働き方が変わる。このことは、のちほど未来エネルギーとしての燃料電池の話をするときに詳しくふれようと思う。

ほとんどのタクシーは、ガソリンより安いLPガスで走っている

LPガスもLNGもどちらも家庭のキッチンや風呂のお湯を沸かすのに使う。それはみなさんがよく知っている通りである。では、ガスがごくあたりまえにたくさん使われているほかの例をご存知だろうか。

カセットボンベがよく知られているだろう。冬に鍋物などをしたり、アウトドアでコンロに火をつけたりして使う。手軽に使えて馴染みのあるガスである。では、このほかにもなにかあるだろうか。

「クルマ」はなにを燃料にして走っているだろうか?

もちろんガソリンである。レギュラー、ハイオク、ディーゼルエンジンを載せている大型車は軽油。いずれもガソリンスタンドで入れることができる。

しかし、実際は必ずしもガソリンで走る車ばかりではないのである。

実は、みなさんがよく乗るタクシーは、ほとんどがLPガスを燃料にして走っているのだ。荷物が多いとき、車体の後ろを開けてもらって荷物を入れようとすると、細長い筒状のボンベが入っているのが見えるだろう。これが燃料のガスとなるLPガスである。

原油から石油の精製をするときに、ガスも併せて採れてしまう。そのガスは、工場の煙突の先で燃やしてしまっていた。しかし、昭和三〇年代のはじめごろ、「石油精製するときに出るガスを捨ててしまうのはもったいない」といって、回収され、容器で配送されるようになった。捨てていたくらいだから、とても値段の安いガスである。だいたいガソリンの半値くらいなのだ。

それで「ガスがこんなに安いなら、ガソリンをやめてLPガスに変えてしまおう」ということになり、昭和三七〜三八年ごろからタクシー会社は燃料にLPガスを使うようになった。営利企業であるタクシー会社としては、安い燃料でたくさん走った方が利益が出るのである。現在でも、ガソリンが一リットルあたり一〇〇円なのに対し、LPガスは一リットル約七〇円（「石油情報センター　平成二〇年一〇月価格情報・全国平均」による）と低価格になっている。

タクシーは人を乗せるのが目的なので、あまり荷物を積む必要がない。そのため、車の後ろにガスボンベを積んでいても邪魔になることはない。しかし、一般の乗用車は人も荷物も乗せるために、荷物スペースをゆったり取れるガソリンエンジンの方が都合がいいのだ。

ガソリンに比べて燃費が良くてCO_2の排出量が少ない

タクシーにとってＬＰガスエンジンが都合がいいのは、価格ばかりではない。ＬＰガスは気体だが、圧縮すると液体になる。バルブを開けて常温常圧にすると二五〇倍に膨れ上がるので、小さく圧縮して持ち運びができるという利点があるのだ。

ＬＰガスエンジンの特長は、まず安定した出力で安定したスピードで走れることである。常に一定で走りにバラつきがないので、燃料の消費も少なくてすむ。燃費が良くて航続距離が長い。タクシーがボンベにガスを充填すれば、もう翌日まで詰める必要はない。

その車の燃費にもよるが、ガソリン車なら三〇〇キロ走ろうとすれば二回ガソリンスタンドに寄って補給しなければならない。しかし、タクシーなら長距離の客が乗っても一日四〇〇キロを一気に走ることができるのだ。おおよそ満タンの九〇リットルで三五〇〜五〇〇キロ走れるからだ。

ところが、安定して走るのが特性であるが、ダッシュ力がないという欠点も持っている。ダッシュ力がないといっても坂を上るときに下がってしまうことはない。アクセルを踏むとすぐに加速が効くようなわけにはいかないという程度である。むしろ、昔見かけた神風タクシーなどという荒っぽい運転をするタクシーよりも、落ち着いて走ってくれてよいくらいだろう。

もうひとつの大きな特長は、ＬＰガスはガソリンに比べて炭素含有量が少ないためCO_2（二酸化炭素）の排出量が少ないことだ。しかも、ぜんそくや酸性雨の原因とされる有害な窒素酸化物（NO_X）も大幅に削減されている。

ガソリン車では、発進や加速するときにパワーを出すためにガソリンを多く使って、空気との混合気を増やして爆発力を出す。しかし、そのことによって加速は出るが、燃え残りである炭化水素（ＨＣ）と一酸化炭素（ＣＯ）という有毒ガスも排気されてしまう。車がグーッと加速したとき、車のまわりにいると排気ガスが多くて臭いな、と感じるだろう。それがパワーを出したときの燃え残りなのだ。

ＬＰガスの充填所をオートガススタンドと呼ぶが、タクシーはここでガスを充填する。

現在、全タクシーの九五パーセントがＬＰガスを燃料として使っている。残りの五パーセントは個人タクシーなどで、ガソリンを使っているのだ。

ちなみに、これまでタクシーを例にとって話してきたが、このほかにもＬＰガス車はエンジン音が小さく静かに走るため、宅配や郵便トラック、送迎に使われるマイクロバスや街中を走るコミュニティバス、清掃車などをはじめ、一部乗用車にも使われている。

京都ＭＫタクシーの東京進出

平成九年（一九九七年）に、京都のＭＫタクシーが東京進出してきた。進出準備の際は青木定雄ＭＫオーナーよりレモンガスに出資を要請された。東京ＭＫタクシーの仮事務所はレモンガスの社内にあった。レモンガスのガス充填所を使ってタクシーを走らせるようにしたのである。

その後、東京ＭＫタクシーは頻繁に海外渡航する層を顧客として考えるようになった。自宅に迎えに行って成田まで荷物と人を運び、帰国するときにも成田まで迎えに行って家まで送り届けるというサービスである。安い燃料を使って一般の顧客を多く乗せるよりも、富裕層のリピーターを狙う。日本航空と契約して、ＪＡＬのファーストクラスに乗ると無料で成田と自宅の送迎をするようにした。それなら、車の後ろの荷台は広い方がいい。今は東京ＭＫタクシーの五割ほどが後ろにガスボンベを積まないガソリン車になっている。

これは大変いいアイデアである。企業を経営する場合に、顧客としてどの層をとらえるかというのは重要である。これまで長い間、日本では中産階級のための製品やサービスがなされてきたが、これからは違うと思う。格段によい顧客をしっかりつかむか、反対に価格の安いものをたくさん売るか。経営哲学として、これからは中庸を狙っているのではダメだと思う。

都市ガスのような地下の配管が要らないのが利点

さきほど、戦後「砂漠の中の油田や、日本の工場の煙突の先で燃えているガスはもったいないじゃないか」といって取り出して使ったのがＬＰガスの始まり、という話をした。そのあたりのことをもう少し詳しく話してみたい。

いま、日本で使われているガスは大きく分けて二種類ある。地中にガス管をめぐらして各家までガスを届ける都市ガス（ＬＮＧ）と、ガスボンベに詰めたガスを各家庭において使うＬＰガス（プロパンガス）である。都市ガスは地下に配管するから、一軒一軒が遠く離れているより、密集している都市部の方が効率よくガスを送ることができる。

映画『崖の上のポニョ』の宗介の家のように、野中の一軒家でも、海上の孤島の一軒家でもなに不自由なくガスが使えるのだ。

大都市に住んでいる人にとっては、ＬＰガスは馴染みの薄いものだろう。しかし、ちょっと日本の地図を眺めてみてほしい。日本全体でみると、平地はたった三〇パーセントしかないのである。あとの七〇パーセントは住宅を密集して造ることができない山林地帯。たった三〇パーセントの平野ですら、二〇パーセントは河川などで取られてしまい、実際に人が密集して住んでいるのはほんの一〇パーセントほどの土地なのだ。その一〇パーセントに密集している都市部には都市ガスがガスを配り、ほかの九〇パーセントの地域の人々にはＬＰガスが必要とされているのが日本の現状なのである。

経済成長と人口増加に追われた石炭ガス

大手都市ガス会社には、東京ガス、大阪ガス、東邦ガス、西部ガスの四社がある。ではこれから、このうちの東京ガスを例にとって、戦後のガス供給の移り変わりを見てみよう。

戦後、都市ガスは石炭を燃やして取り出していた。石炭は固形物だから、「貯炭場」という石炭を貯蔵しておく場所が必要である。今、東京オリンピックを誘致して開催しようとして話題になっている豊洲は、もともとは東京ガスの貯炭場だった場所だ。オリンピックをしようというほど広い土地。それほどのスペースが必要だった。そこに石炭を貯蔵しておいて燃やしてガスを取り出し、残りからコークスを作っていたのである。コークスも燃料として使われる。高温で燃焼することから、当時は機関車の動力燃料や工場などで使われていた。

ところが、昭和二五年（一九五〇年）に朝鮮戦争が勃発し、日本の景気が良くなってくると、石炭炭鉱の労働争議がたびたび起こるようになってきた。労働者のストライキがだんだん激しくなって三ヵ月もストライキが続くと、炭鉱から石炭が入らなくなってしまう。ストライキによって石炭が来なくなっても、しばらくは補充できるように貯炭場をさらに広げなくてはならない。

それからもうひとつ、問題点があった。石炭から採れるガスは燃料としては力がなく、四五〇〇～五〇〇〇キロカロリーしか取れないのだ。夕方になって、それぞれの家庭で炊事を始めると、団地の三階くらいまでしかガスが届かない。四階や五階の家庭にはガスが届かなくなってしまうのだ。

さらに、経済が急激に発展したために人口が急激に増えてきた。その人口増加にも対応しなければならなくなってきた。

東京ガスでは、後に社長になる安西浩さんが、「石炭ガスはダメだ。もっとカロリーが高くて、貯炭場がいらないものはないだろうか」と模索していた。そして着目したのが石油である。安西さんは、石油を燃やして作るガスに切り替えた。すると貯炭場がいらなくなり、炭鉱のストライキに悩まされることがなくなった。

もうそのころには石油から作るガスに変えても、爆発的な人口増加には追い付けなくなっていた。大至急ガスの供給量を増やさなければ、都市の膨張に間に合わない状態に追い込まれていたのである。

LNGの価値にいち早く気付いた東京ガス

安西さんはLNG（液化天然ガス）が解決の糸口になるのではないかと考えていた。LNGは海外から輸入してくる。しかし当時、日本ではLNGはほとんど知られていないエネルギー源だった。安西さんはそのルートの開発や設備を先んじて作り上げることに成功したのである。

カロリーを見てみると、石炭ガスは四五〇〇〜五〇〇〇キロカロリー、石油を燃やして作るガスは五〇〇〇〜六〇〇〇キロカロリー、液化天然ガスは九〇〇〇キロカロリーある。そこに気づき、事業を大転換させた安西さんはやはり偉い人だったと思う。昭和四二年（一九六七年）に安西さんが社長に就任すると、四四年（一九六九年）には、アラスカからLNG輸入を開始した。そしてこのことが、のちの東京ガスの基盤を作ることになったのである。

しかし、それでもまだ追いつかなかった。人口増加はもっとたくさんのガスを必要としたのである。

単純に考えれば、人口が増えたのならガス自体の供給量も増やせばいい。例えば、会席膳で食事をしているときにもう一膳食べたいと思ったら、お椀をもうひとつ足せばよい。それと同じように、ガスを通す配管をもう一本増やせば解決しそうである。しかし、それには大変な工事費用がかかってしまう。都市ガスはすべて地下に配管してあるために、それを掘り起こさなくてはならないからだ。

工事をするのではなく、なにか別の方法で対応できないか。配管を増やすのではなく、中を通すガスのカロリーをもっと高くすることはできないだろうか。

たくさんのガスをいっぺんに通そうとして高い圧力をガス管に加え、破損して漏れて爆発したりすると大変だ。調べてみると、ガス管は九五〇〇～一一〇〇〇キロカロリーまで送るのに耐えられるということが分かった。

安西さんは「ＬＮＧにＬＰガス（液化石油ガス）を足してみたらどうだろう」と考えた。ＬＰガスは二四〇〇〇キロカロリーある。それだけパワーがあるということなのだ。

例えば、三八度くらいのぬるいお風呂に八〇度くらいの熱いお湯を混ぜれば、四二度になる。それと同じように、九〇〇〇キロカロリーのＬＮＧ（液化天然ガス）にＬＰガス（液化石油ガス）を少し足してカロリーを調整したのである。

これがその後、「都市ガス」の規格となっていった。現在、都市ガスは中東・東南アジアなどから輸入した液状に圧縮されたLNG（液化天然ガス）を気化した天然ガスと国内で産出される天然ガスに、LPガス（液化石油ガス）を混合して熱量（カロリー）調整した「13A」という規格が主になっている。「13」は、一㎥あたりの発熱量が約一三メガジュール、「A」というのは燃焼速度が速いという意味である。

第二章　新システムとネットワークの共有で急速に発展

1、安全と安心のためのシステム作り

中毒しないが爆発する！

昭和四〇年代に入ると、一般家庭にはＬＰガスがどんどん普及するようになってきた。なにしろマッチをするだけですごい火力が得られるのだ。それまでのかまどで火を焚いたり、練炭を熾《おこ》して使っていたころの大変さからすれば、家庭の主婦にとっては大革命だった。

ところが、同時にガスボンベの中のガスの消費状態がまったく分からず、火がつかなくなってはじめて分かるという、「ガス切れ」に悩まされるようになってきた。さらに、プロパンガス消費世帯が増加するにつれて、爆発事故と一酸化炭素中毒の事故も増えてきた。いまでも子供たちに人気のある「ウルトラマン」の、初期のころの話を覚えている人も多いだろう。なぜかウルトラマンはいつも郊外の巨大な丸いガス基地に怪獣を誘い、そこで暴れる怪獣をやっつける。その後ろではガスが大爆発。これがお決まりのシーンだった。当時の人たちの間には、「ガスは爆発しやすいもの」というイメージがあったのだ。家庭でガスを使う場合、爆発や中毒が心配だった。いまでは爆発事故がニュースになることなどはまったくないが、当時はそういった事故も確かにあった。

ではここで少し、使用する側からみた都市ガスとＬＰガスの違いをご説明しよう。

こんなことがあった。ガス自殺をしようとして、コンロのスイッチをひねる。シューッとガスが漏れて臭い匂いはするのに、中毒になって苦しいということもない。爆発もしない。しばらくたってもなにも起こらないので、張りつめた気持ちが緩んで「もう自殺しなくてもいいかな。一服しよう」とタバコの火をつけたとたんに爆発してしまった。

これは本当にあった話だから、けっして真似しないでほしいのだが、こうなる可能性があるのはＬＰガスだ。ＬＰガスは、ガスと空気がある一定の濃度になったときに、引火物があると爆発する。空気よりガスだけが濃かったり、ガスが空中に薄く漏れているだけなら、火があっても爆発はしない。また、ガスと空気が一定の濃度になっていても、引火物がなければ爆発しない。

都市ガスの原料であるＬＮＧは一一〇〇〇カロリーで家庭に供給されている。ＬＰガスは二四〇〇〇カロリーであり、同量が漏れればＬＰガスは倍の力で爆発する。また、ＬＰ

ガスはボンベに液体で詰められている。気化するときは二五〇倍の容量となり、それに引火すると大きな爆発になってしまう。

次に、中毒という方面から見てみよう。ＬＰガスは人体には無害なので、吸い込んでも中毒になることはない。

その反面、当時の都市ガスは原料が石炭のため、一酸化炭素中毒になる恐れがある。よく刑事ドラマなどで、刑事がガス漏れした部屋に入ると、ハンカチを口にあててガスを吸い込まないようにして窓を開けるのを見かけるだろう。都市ガスは空気より軽いため漏れると空中に四散するから、急いでガスを窓から出さなければならない。それに対して、ＬＰガスは空気より重いので床を這うように広がるのだ。ドアを開けて箒で掃くことが肝要である。最近のパロマガス事故は不完全燃焼が引き起こしたものである。経年劣化などを生じている老巧化した機器は、事故を起こす可能性が大きいので、できるだけ早く交換することをお勧めする。

消費者が「ガスは爆発する」というイメージを持っていたら、普及の足止めになってしまう。私は、ＬＰガスを販売するなら「より安全なガスである」ことがどうしても必要だと思った。同時に、ボンベを配達するためのガス切れの問題も解決したい。それにはいったいどうしたらいいか。

そこで私は、ガスを二四時間集中管理するシステムを考えて作り出したのである。

ガス切れガス漏れを探知するLPガス集中管理システム「ガード365」

夏休みや盆暮れ正月には、長期間家を留守にして、ガスを使わないことだってあるだろう。逆に、大勢のお客が泊まりがけで来て、みんながお風呂に入ったら、ガスはいつもより早くなくなってしまう。そうしてガスボンベの中のガスがまったくなくなってしまうと、炊事もできず、お風呂も沸かせなくなってしまうのだ。

ガスボンベの容量は、五〇キロ、三〇キロ、二〇キロ等と決まっている。だから昔は、個々の家庭が一日にだいたいどのくらいガスを消費するかを、ガスコンロや風呂釜などの消費量から予想を立てて、その消費量に応じたガスボンベを設置し、一定期間で交換していた。しかし、交換して戻ってきたボンベにガスを充填しようとしたときに、中に半分もガスが残っていたら、回収が無駄足になって配送コストが余計にかかってしまう。反対に配送効率を優先しすぎてガス切れを起こせば、苦情が出るばかりでなく、料理店などのように営業に使っているなら、場合によっては損害賠償ものである。

ガスを安全に使ってもらうことと、ガス切れを未然に予知し、ボンベを交換できることがベストの供給方法である。どんなに研究費をかけてもその方法は開発しなければならない、と私は思った。

そこで私たちは、富士通、リコー精器（現リコーエレメックス）と協力して、昭和六二年（一九八七年）にＬＰガスセキュリティシステムの、「ガード３６５」を開発した。これは、マイクロコンピュータを内蔵したＬＰガスメーター（マイコンメータ）に通信機能を有する「ガード３６５」を接続して各家庭に設置し、マイコンメータが計測しているガス消費量を積算しボンベのガス残量を管理するシステムである。

各家庭のガスボンベの中のガスの残量は、「ガード３６５」から電話回線を通して中央センターのコンピュータに送られてくる。そして、「あと一週間でガスがなくなる」というときに、「ガス残量第一次通報」が入る。さらに、「あと三日でなくなる」というときには「ガス残量第二次通報」が入るのだ。第一次通報が入ったら各営業所は配送の準備を始め、第二次通報が入ったらすぐにボンベを交換に行けばいいので、配送の無駄を大幅にな

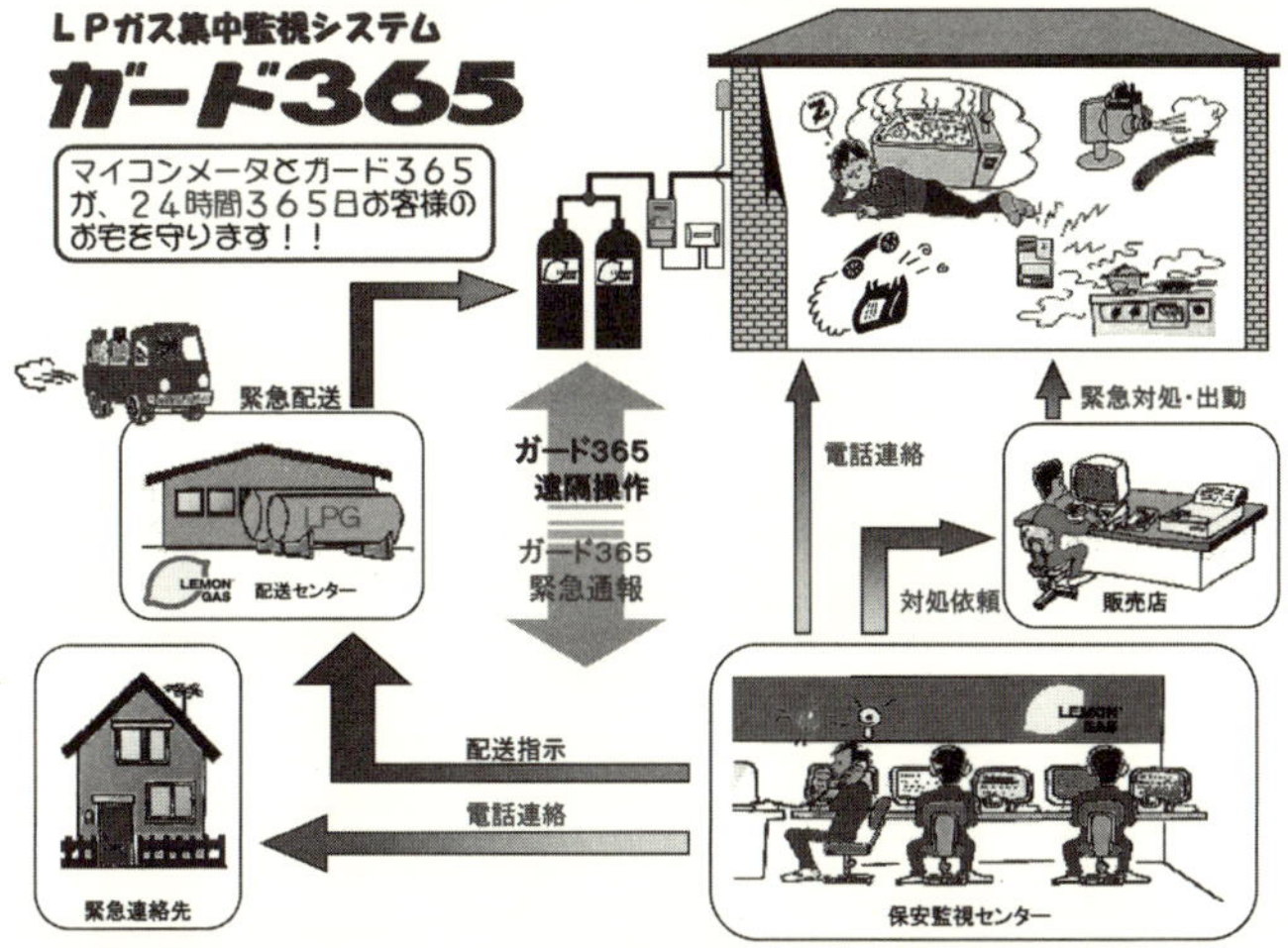

「ガード３６５」の開発によって、ガス残量が明確になり、配送の無駄がなくなったばかりでなく、不自然なガス消費を探知し、災害にも対処できるようになった

くすことができた。

また、不自然なガス消費についても検知できるようになった。ガス漏れやガス器具の消し忘れ使用は異常信号として通報される。

同時に、災害に対しても対処できるようになった。地震などの災害でガス漏れを起こしたら危険である。そのため、震度五以上の揺れを検知したら、自動的にガスを遮断するようになっている。

そして、このシステムに「二四時間三六五日休みなく守る」という意味で、「ガード３６５」とネーミングした。

現在、三〇万世帯に供給しているLPガスが、ガス切れを起こさずにボンベを円滑に運んでいられるのは、「ガード365」システムのおかげなのである。「ガード365」の開発によって、「LPガスは危険なエネルギーではない」ということを広くアピールできるようになった。

全国のマクドナルドが「ガード365」を使用し始めた

「ガード365」を開発したときに、最初にそのシステムを取り入れてくれたのが、ハンバーガー店のマクドナルドだった。マクドナルドは、全国規模のチェーン店である。ここでガス切れを起こしてしまうと、その店舗は営業そのものがストップしてしまう。ガス切れは許されないことなのだ。

マクドナルドは、はじめ全国の一〇ヵ所ほどにガード365を入れてくれた。ところが、その中でたまたまガス漏れが発生した店舗があり、それを「ガード365」がキャッチしたのだ。

ガス漏れを起こしていたからといって、すぐに事故につながるものではない。しかし、漏れている場所で火を使えば、引火して爆発する。マクドナルドはこのことをきっかけとして、平成二年（一九九〇年）から、全国のマクドナルドの都市ガスエリア以外の一〇〇〇何ヵ所以上もある店舗すべてに「ガード３６５」システムを取り入れるようになった。

「ガード３６５」システムでは、仮にガス切れを検知できなくてガスがストップしてしまった場合には、止まっていた時間分の売上げを保証する契約をしている。実をいえば、マクドナルドとは二〇年近く取引をしているが、三回くらいガス切れを起こしたことがある。

それは、第一次、第二次とガス切れの通報が入っているのに、担当の販売店がガード３６５のシステムを信用せずに配送を怠ったためである。「今までの経験では、まだ大丈夫」という自分の勘を優先したからだ。しかし、実際にはお客がたくさん来ていてガスの使用量がいつもより多かったのだ。情報化の今の時代には、自分たちが開発したシステムをどれだけ信用するかというのも大切なのである。

私がハワイで休暇中だったときのできごとをお話ししたい。

平成一九年（二〇〇七年）七月一六日のことである。ハワイの海で水泳を楽しんでいるとき、私の携帯電話が鳴った。画面を見ると、緊急通報の連絡である。それは、震度五以

横浜支店に設置した日本で初めてのLPガスの大型自動充填施設。デンマークのアンダーソン社に製造を依頼したので「アンダーソンファミリー」と呼んでいた。これにより、月間3000トンのLPガスを充填することが可能になった。現在は新世代のものに交代している。（平成7年完成）

上という新潟県中越沖地震が発生したため、新潟のマクドナルドの一二店舗の供給がストップしているという報告であった。その後、一二店のうち一一店は問題なく安全確認され、再オープンしたが、一軒はガスが遮断されてオープンできないという報告が入った。新潟で起こった地震の情報が、ハワイでキャッチできる時代なのである。

ガスボンベ容器の統一で配送の合理化

もうひとつ行った合理化は、ガスボンベの容器を統一したことである。

カマタがＬＰガスを扱い始めたころには、形態としては主に仲卸しであった。自分で顧客に直接販売するのが三分の一、あ

デンマークのアンダーソン社との設置打ち合わせ。（平成６年）

との三分の二は販売店を通じて小売りするのである。

当時は、それぞれの販売店がガスボンベを所有していた。すると、お客からボンベを回収してガスを充填して、販売店に戻すときには、それぞれの販売店のものをまとめておくか、探し出さねばならない。容器も中のガスも同じものなのに、所有者が違うから選り分けなければならないのである。それは大変な作業であった。

現在、関東首都圏だけでガスボンベは六〇万本が回転している。私はそれをすべて買い取り、自社のものとすることにした。以後は、どのお客から回収して、どの販売店に分配してもよくなった。ボンベの配送システムの合理化を図ったことで、作業の手間もコストもぐっと抑えることができるようになった。

昭和五二年（一九七七年）に、電算室を開設して配送センターを確立させた。さらに五八年（一九八三年）には、カマタから情報関連部門を独立させ、「株式会社コムネットイレブン」を設立した。そうして、次第にＬＰガスの安定供給のためのネットワークを構築していったのである。

2、使用ガス計量法と集金方法の改善

不透明な料金体系に主婦連から苦情

　ＬＰガスの主役は全国五万店（現在は半分の二万五〇〇〇店）の販売店であった。昭和四〇年（一九六五年）までは重量販売でボンベ一本いくらの時代であり、中身にどのくらいのガスが残ガスとして残っているかではなく、五〇キロ容器のガスが出なくなればボンベを交換していた。四〇年代の初めまではガスの質が悪いうえに、ボンベの中に残ガスが多く残っていても一本いくらの時代であった。

　当時、全国のＬＰガス使用者は一一一七万四〇〇〇世帯以上になっていた。プロパンガスの料金問題に主婦連から苦情が寄せられた。事実、ＬＰガスの販売店は残量もごまかして利益を上げているといっても過言ではなかった。業界の代表者の中には、「ＬＰガスの利益はダーティーな計量法にある」といってはばからない者すらいたのである。

　私は、ＬＰガス事業の主体が重量販売からメーター販売に移行することと、料金問題を二部制にし、基本料金と従量料金に区分することを業界に提案した。

基本料金はＬＰガスを販売する必要な基本投資、すなわち販売に必要な事務所、ガス容器庫、保安要員等の費用であり、従量料金とは、使った数量のみにかかる料金である。二部制料金とは、直接ユーザーに販売するガス料金を従量料金として請求する方法である。

これに対して、業界は大反対だった。あるプロパン協会の会長などは、わざわざ来社されてこう言ったほどである。

「ＬＰガスはグレーだから、弱小販売店が生きていられる。貴社がやることは黙認せざるを得ないが、業界が参加することは大反対だ」

しかし、そのような不透明な料金体系がいつまで通用するだろうか。結局、昭和六三年（一九八八年）には業界全体で二部料金制が導入されて、どの顧客も等しく使用した分だけの料金を支払えるようになった。

業界初のコンビニでの料金支払いサービス

同時に解決しなければならない問題は、ＬＰガスの集金方法であった。

家族単位で一軒の家に住み、主婦がいつも家にいるという家庭が少なくなってきたのだ。ひとり暮らしの人や、結婚はしていても夫婦共稼ぎで昼間家に誰もいないという家庭も増えてきた。平日の昼間に集金に行っても、誰も家にいないのである。

もっとも困ったのは、ひとり暮らしの学生であった。集金に行っても留守が多い。連絡もなく引っ越してしまう。一ヵ所に長く住みつくということがない。それでいて、使用量は少ないのだ。何度も足を運ばなければならないから、集金コストばかりかかってしまう。

学生の顧客をどうしたらいいだろうか。学生はいったい、どこに集まるのだろう?

そこで、はたと気が付いたのがコンビニである。ほとんどすべての学生がコンビニを利用している。ひとり暮らしには都合がいいからだ。それなら、コンビニでガス代を支払ってもらおう。

そこでまず、私たちはセブンイレブンに交渉した。セブンイレブンでは、都市ガス、電気、電話などの公共料金支払い代行を行っている。LPガスも同じように扱ってもらおうと思ったのだ。ところがセブンイレブン側は、難色を示した。

「現在、公共料金以外の商取り引きの代金代行はしていません。手数ばかりかかって大変です。それに、LPガス用のシステムも新しく作らなければなりません」

「私たちはコムネットイレブンというシステム会社を持っていますから、それとドッキングさせてください」

「それなら、セブンイレブンのシステムを作っている野村総合研究所に行って、相談してみてください」

と回されてしまった。野村総合研究所に交渉に行くと、「あなたがたのシステムでうちと共有できるわけがない」と相手にしてもらえないのだ。私たちは粘った。

「一週間でいいから、試しにシステムが共有できるかどうかやってみてもらえませんか」

と提案し、実際にシステムを稼働してみると、うまい具合に共有できてしまった。驚いたのはセブンイレブンである。そうして、平成五年（一九九三年）、セブンイレブンでのLPガス料金代理受理サービスがスタートした。

その後、「このシステムは当社のみで独占すべきではない」との判断から、全国組織の社団法人日本LPガス連合会（現・社団法人LPガス協会）の幹部にシステムを共有する提案をした。ところが、「レモンガスが先行したシステムは共有できない」という回答がきたのだ。業界の底の浅さを痛感したものである。

ジャックスと提携してクレジットカード「レモンカード」を発行

セブンイレブンと並行して、私たちはローソンなど他のコンビニにも同じ交渉をしていた。どこもみな「ＬＰガスなんて販売拠点が多すぎて、そんなに細かいことはやっていられない」と言っていたのに、セブンイレブンが契約すると、とたんに他のコンビニ各社でもスムーズに契約が行われるようになった。ローソンでは、手提げ袋に「公共料金各種お支払い」と題して、ＮＴＴや東京電力などの公共料金と並んで「株式会社コムネットイレブン　ＬＰガス料金」と刷り込んでくれた。

また同時に、私たちはジャックスと提携して、業界初のクレジットカード「レモンカード」を発行し、さらに集金システムを確立させた。レモンカードはＬＰガス業界では珍しい、単体で発行している国際カードである。

私たちが最初にコンビニとの代金代理事業を行うようになってから、私はほかのＬＰガス会社にも「ネットワークを共有しましょう」と呼びかけた。現在、全国の消費者の世帯数は約五〇〇〇万所帯ほどあり、ＬＰガスを使用しているのが二千五〇〇万世帯、都市ガスが二千五〇〇万世帯と半々である。当社システムの開発によって、ほぼすべてのお客さんがコンビニで料金支払いができるようになった。集金漏れの心配もなくなり、集金にかかるコストも抑えられるようになったのだ。

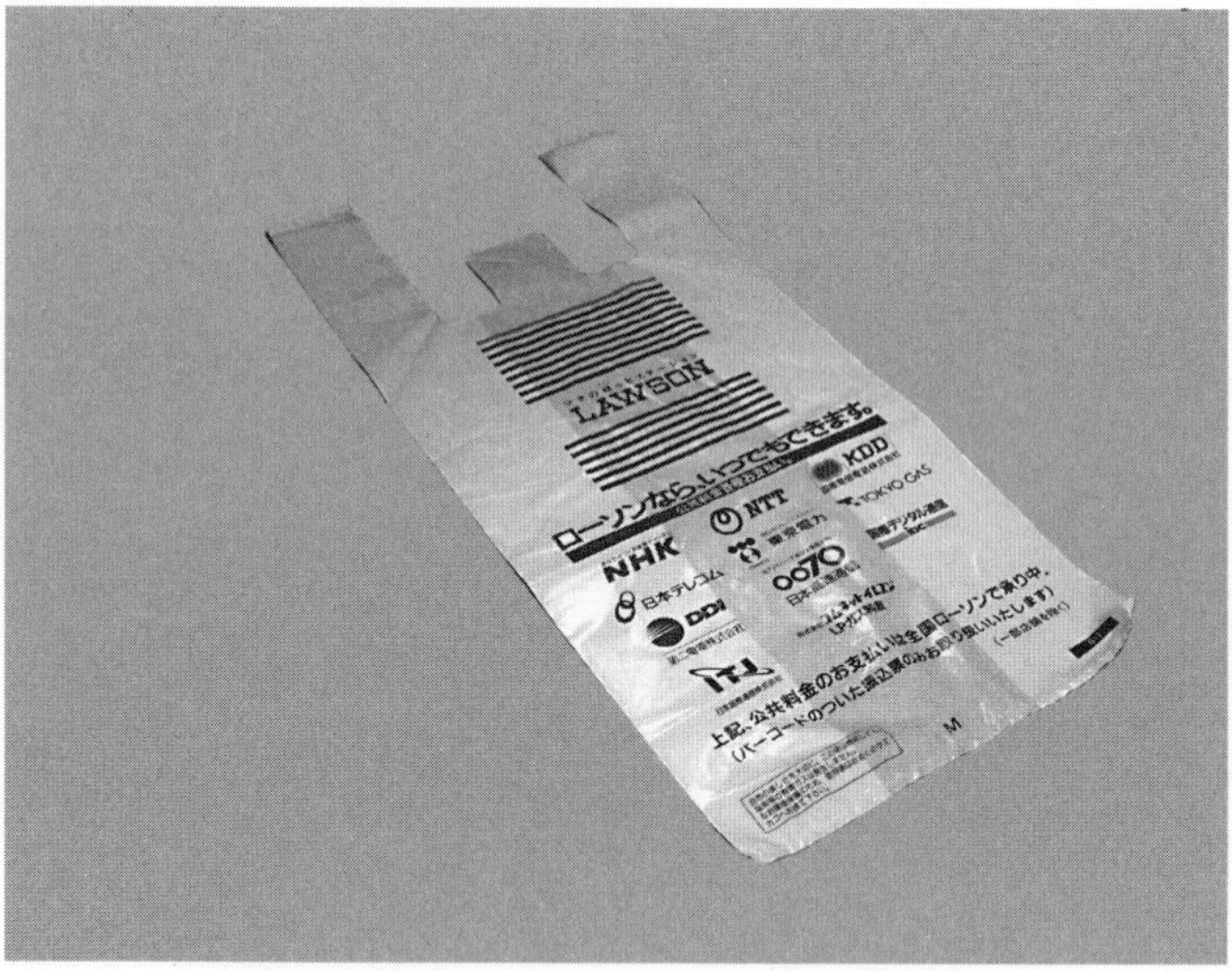

集金コストを削減する画期的な方法がコンビニでのLPガス集金代理サービスだった。ローソンではレジ袋に「コムネットイレブンLPガス料金」と刷り込んでPRしてくれた

二一世紀の情報化社会は、ネットワークを共有するところから始まる。ネットワークというより、もともとネットワークシステムというのは、「システムを共有する」ということが大前提になっているのだ。情報が漏れるかもしれないとか、協力するのは嫌だとかいって拒否して単体でやろうとすれば、ひとりでシステムの開発費を全部背負わなければならない。そんな巨額を背負うことはできないだろう。

あるシステムがあったらそれをみんなで使って、ＬＰガス業界の持つすべてのお客さんの所帯をカバーするくらいのつもりでいなければならない。それが情報化社会での上手なネットワークの使い方なのだ。

自由競争の中でブランド名「レモンガス」を確立

ＬＰガス事業はもともと許認可制であった。販売店には業務主任者がいなければならないなどという決まりがあり、新規の業者が参入できないようになっていた。そういう状態のときには、中身はもちろん、サービスも他社と争う必要がないのだ。許可をもらわなければできないのだから、他社とはほとんど慣れ合いのようなものだった。

ところが、世の中の自由化の流れを受けて法制が改正され、ＬＰガス業界においても自由化されることになった。

ＬＰガスというのは、どの系列の事業者が販売するものでも、ボンベの中身はみな同じである。それが自由競争になったら、消費者はどのガスを買うか指名するようになるだろう。そのときには、消費者が指名したくなるようなブランドが必要となるにちがいない。

さわやかで健康的なイメージが欲しい。それにはビタミンたっぷりのレモンがぴったりだ。私は「レモンガス」というブランド名をつけることにした。「レモン」に込められた内容は、プロローグで示した通りである。

1977 電算室を開設
ULTRA配送システム稼動開始

1983. 5 電算室を独立させ、システム開発・販売を行う
株式会社コムネットイレブン設立

1984. 4 LPガス総合管理パッケージ
『COST21－Ⅱ』を開発し販売開始

1985. 2 富士通製　汎用コンピュータ
M－360R導入

1987. 10 LPガス集中監視システム『ガード365』を富士通と共同開発し販売開始
同時に集中監視システムを運用管理する保安監視センターを開設

1988. 3 富士通製　汎用コンピュータ
M－760／6導入

1988 株式会社保安監視センターを設立

1989. 9 LPガス総合管理パッケージ
『COST21－Ⅲ』を開発し販売開始

1991. 11 富士通製　汎用コンピュータ
M－770／8導入

1993 集中監視システム端末一体型LPガスメータ
『テレガード』を富士通・リコー精器（現リコーエレメックス）と共同開発

1993. 10 株式会社ジャックスとの提携による
レモンカード発行開始

1993. 11 株式会社セブンイレブン・ジャパンとの提携による
コンビニエンスストアでのLPガス料金代理受領サービスを開始

1993. 12 株式会社ファミリーマートとの提携による
LPガス料金代理受領サービスを開始

1994. 1 S型LPガスメータ対応型『ガード365』を発表

1995 集中監視システム端末一体型S型LPガスメータ
『スーパーテレガード』を富士通・リコー精器（現リコーエレメックス）と共同開発

1995. 1 マイクロソフト・ウィンドウズ対応
LPガス総合管理パッケージ『COST21－Ⅳ』開発

1997. 9 韓国ガス安全公社にLPガス集中監視システムを指導

1997. 12 共通型『ガード365』発表

1998. 2 顧客情報照会システム（CTI）稼動

1998. 5 クライアント・サーバー型集中監視システム運用開始
保安監視センターを横浜に移転

1999. 5 配送業務管理システム『LEAF』稼動開始

2000. 3 PHS通信を利用した集中監視端末『HAPPY365』を発表

2001. 4 CVS収納代行パッケージソフト『Easy2Pay』販売開始

2004. 9 CVS収納代行パッケージソフト『Easy2Pay』をEAN128バーコードに対応
併せてインターネットASP『Easy2Pay　for　web』のサービス開始

2005. 4 クレジットカードによるLPガス料金収納代行サービスを開始
併せてインターネットASP『Easy2Pay　for　Card』のサービス開始

レモンガスのシステム変遷。ネットワークを構築することが必要であった

第三章

変化を恐れず、変化に挑戦

1、変化する状況を見逃すな

ぬるま湯に浸って茹《ゆ》でガエルになってはいけない

こんな例え話がある。

カエルを温度の低い水に入れておき、下からチョロチョロと弱火にかけていく。すると、カエルはいい気持ちになって、そこから飛び出そうとはせずにゆったりしてしまう。天気のいい日に浅瀬でのんびり日向ぼっこをしている状態といってもいいかもしれない。

ぬるま湯にいる時間が長ければ長いほど、カエルはそこに浸かっている習慣ができてしまう。しかし、実は火はじわじわと焚かれているのだ。

ぬるま湯がやがて熱くなり、「しまった」と気づいたきには、カエルはもうぐったりしていて飛び出すことができなくなっている。

反対に、初めから熱いお湯にカエルを跳び込ませてみよう。カエルはびっくりしてすぐに飛び出してしまう。

ぬるま湯に浸っていると、じわじわと変化していく状況に気づかなくなってしまう。同じように、人間もぬるま湯の中に長い間いると、自分たちの経営が見えなくなってしまうことがあるのだ。経営をするものは、環境の変化を機敏に察して、常に行動を起こしていなければいけない。けっして、茹でガエルになってはならないのだ。

二足のわらじをはく

そのころは、石油の輸入や製造をする販売元と仲卸し、小売りといった販売ルートが明確に分かれている時代だった。その形態のなかで仕事をしないと、販売店から嫌われてバッシングを受ける。その枠を出ることは許されないことだったのである。

そのため、小売りをしている新神奈川石油ガスを系列会社にしたということは、業界の他社には内緒にしていた。もちろん、ほかの会社も丸紅と取り引きして関係で、蒲田練炭が新神奈川石油ガスをバックアップしているということはうすうす知られていた。しかし、一〇〇パーセントの株を有して経営権を持っているということは、一切口外しなかった。

ところが、「二足のわらじをはいている」ことはやがてほかの会社の知るところとなり、問題となってしまったのである。

変化に対応できる会社だけが生き残れる

こういったことはガス業界に限った話ではなく、昔はどこの業界にもあった。電気業界にしても、以前はどこの地域の商店街でも、「ナショナル店会」や「シャープ店会」があった。三〇坪ほどの広さの店内に一〇〇品くらいの商品が置いてある小売専門の店である。

昔は三年に一度くらいしか新商品が出なかったから、長い間店に商品を飾っておけた。ところが経済が発展して技術革新が進んでくると、新製品がどんどん出てくるようになる。一〇〇アイテムくらいしか置けない店では、商品の回転の速さについていけなくなってきたのだ。

自分が商品を買う側に立ってみよう。やはり、たくさんの最新型の商品がずらっと並んでいる店で、納得するまで選んで買いたくなるだろう。そこで、秋葉原のような仲卸しが直接小売りをする大きな店ができてくるようになってきたのである。

最近ではさらに状況が変わってきて、カメラのドイだとかビックカメラだとか、もともとカメラ販売店であったものが、直接電気製品を販売する大型店として台頭してくるようになってきた。そうして大型店までもがすっかり入れ替わってしまった。

　ではその後、全国の街の商店街にあった電気店はどうなっただろうか。以前街の電気屋さんだったものは、ほとんどが廃業するか工事サービス店に変わることを余儀なくされたのだった。「電気製品を売る」のではなく、「電気を維持するサービスを売る」ように変化せざるをえなかったのだ。

　電気業界でも、昔は卸しが小売りに進出してくるなどとは考えられなかったことだろう。しかし、時代は目まぐるしく変化してしまったのだ。

　LPガス業界にも同じことがいえる。蒲田練炭が小売りに進出したときには問題にされたが、じきにそれがあたりまえになってしまったのである。

　私は将来、エネルギー事情が変化して、LPガスではない、別のエネルギーの時代がやってくるだろうと思っている。そしてそのときには、全国のガス販売店は設備工事を請け負う会社になるだろうと思う。それは、一昔前の電気業界の流れと同じことなのだ。

　LPガスの次にはどんなエネルギーが来るのだろうか。それについては第八章でお話ししたいと思う。

潰れる会社のパターン

潰れる会社には、二つのパターンがある。新神奈川石油ガスのように、リーダーに理念がなく、社員の不正を見過ごしている場合。これは、人を生かした事業をしていないケースだ。社員に働く意欲を持たせることができなかったことが原因なのだ。

会社のかたちを作るのは、誰にだってできる。しかし、形を作っても、その事業に魂が入っていなければ企業としては失敗である。人材を適切に活用できること、これが経営にとってとても大切なことなのだ。

もうひとつは、ほかの仕事に手を出して失敗した場合である。事業は順調で、儲かっているのに潰れてしまう会社がある。

では次に、儲かっているのに潰れてしまう会社を傘下に入れて、立て直したときの話をしよう。

2、信頼のうえでの挑戦

鹿屋ガスを傘下に入れて、九州に販路を広げる

蒲田練炭は昭和四三年（一九六八）に新神奈川石油ガスを買収して直売部門を持ち、より本格的にＬＰガス事業に取り組むようになった。そして、昭和四八年（一九七三年）には、社名を「カマタ株式会社」と変え、完全に練炭事業から離れたのである。

その後、さらにカマタにとって転機となるＭ＆Ａの話が舞い込んだ。

鹿児島県鹿屋《かのや》市に、鹿屋ガスという会社があった。鹿屋といえば、戦争中に海軍の神風特攻隊の出撃基地としてご存知の方も多いだろう。現在は鹿屋体育大学が有名で、多くのオリンピック選手を世に送り出している。

鹿屋市には二万所帯の家があったが、鹿屋ガスはそのうちの一万所帯とその周辺五〇〇〇世帯、鹿児島市内の六〇〇〇世帯ほどにＬＰガスを供給していた。

この会社がバブルの終わりごろに鹿児島湾の一部の土地を買って再開発し、リゾートを作ろうとした。ところが、投資が回収できる前に、バブルがはじけてしまったのだ。自己

資金で土地を買っているならよかったのだが、ほとんどが銀行からの借り入れだったから、銀行が融資をストップしてしまうともうお手上げなのだ。

鹿屋ガスの場合は、本体はとてもいい会社だった。リゾートをやろうとして手を出したのがいけなかった。それが本体をも潰すことになってしまったのである。バブルの頃にはこういう会社がたくさんあった。

そのころ、カマタはすでに九州戦略の中で、福岡と鹿児島に拠点を持っていた。鹿児島の拠点は、「九州カマタ鹿児島支店」といった。桜島の見える鹿児島市内に充填所を作っていたが、それに見合うほどの顧客が開拓できないでいた。もし、鹿屋ガスを買収できれば、鹿児島市内に六〇〇〇軒と鹿屋市とその周辺の顧客一万五〇〇〇軒のユーザーを同時に手に入れることができる。稼働率が一気に増えるのだ。私は、ユーザーに直結するのが正しい商売の仕方だと感じていた。だから、常に消費者に直接販売できるルートを開拓したいと考えていたのだ。

昭和六三年（一九八八年）の一一月のことである。一二月三〇日に資金不足で鹿屋ガスが潰れるという情報が入ってきた。ガス会社としてはとてもいい会社だから、なんとか手に入れたいと私は思った。しかし、おそらく手形をたくさん発行しているだろうから、あとできっとそれが問題になる。だから、土地と建物、設備、商権、営業権だけを買おうと考えた。

調べてみると不動産と設備に一六億円、そのほかに二万一〇〇〇世帯の営業権の九億円全部で二五億円ほど必要であり、越年するために年内に一七億円必要であることがわかった。そして、いくつかのライバル企業も同じことを考えて競争で動いているという情報も入ってきた。

ところが大きな会社というのは、まとまったお金を用意するには稟議が必要なのだ。もう年の瀬も迫っている。競争している会社は、一月にならないとお金を用意することができない。一二月三〇日には鹿屋ガスはつぶれてしまう。その前に手を打ってしまおう。こうなれば早い者勝ちだ。私は一刻も早く、一七億円の現金を用意しようと決意した。

資本金一五万円の会社が二五億円で企業を買収

私は、取り引きしている富士銀行に行き、直接支店長に「年内に一七億円貸してください」と単刀直入に談判した。一一月三〇日ごろのことだった。

富士銀行は、父が仕事をしていたころに安田信託銀行から富士銀行と名称変更をした。さらに、今はみずほ銀行となっている。

父から銀行の仕事を引き継いだとき、私は父に厳しく言われていたことがあった。

「ほかの銀行が誘いにきても、目移りしてはいけない。事業をしていれば、必ずまとまったお金が必要になるときがやってくる。いざ鎌倉というときにお金を貸してくれるような銀行と取り引きをしていなさい」

ずっと長い間一行取り引きをして、その銀行から信用を得ること。当時、富士銀行は金利が決して安くはなかった。ほかに金利の安い銀行がいくらでも勧誘にやってきた。しかし、私は父の戒めを守り、また、自分自身の信念としてもほかの銀行になびくことはしなかったのだ。

当時、カマタはまだ資本金一五万円の会社である。軽くあしらわれるかもしれないという不安を抱きつつ、私は「ここが会社の正念場だ」という一念で、無理は承知のうえで頼み込んだ。

ところが、私の心配をよそに、たった二週間で「一七億円の融資に本部の確認が取れた」と富士銀行の蒲田支店長から連絡があったのである。

自分で頼んでおきながら、私は「まさか、本当に？」という驚きと、「これでいける！」という力が湧いてくるのを禁じ得なかった。

そして、あとの八億円は鹿屋市内にあるＬＰガスの商権を系列会社のシンカナに買わせた。のちに鹿屋ガスが賃料として支払うということで作ることができたのだ。

富士銀行の支店長も、それまでの長年にわたる私の仕事ぶりをみて「これならやれそうだ」と判断してくれたのだろう。昭和一七年（一九四二年）創業時の銀行取引が安田信託銀行蒲田支店で、安田信託銀行から富士銀行になり、昭和六三年（一九八八年）まで四六年間。一行取り引きをしてきた信用が、二週間で資本金一五万円の中小企業に一七億円の融資を可能にしたのだ。

それには、しっかりしたカマタの経営状況が裏付けとしてあった。

なぜ、資本金が一五万円の会社が、銀行から一七億円ものお金を借りることができたのか。担保も補償もなにもない会社に、銀行がお金を貸し出すなどということはない。

カマタが資本金一五万円というのは、昭和一七年（一九四二年）設立当時からの資本金で、それがそのまま続いていたというだけのことだ。カマタは、資本金こそ小さいけれど、財務体質の大変よい会社だったのだ。

黒字経営をしていて一度も赤字を出したことはなく、内部留保が大きく、健全な財務体質だった。そして、常に銀行は富士銀行一行のみだった。富士銀行はそのことをよく知っていてくれたのだ。

取引関係から信頼される経営をすることがすべて

会社を買収する場合には、資本金を増資してそれを使うという方法と、銀行から借りるという方法がある。私は、資本金を増額することはせずに銀行から借りることにしたのだ。そうはいっても、一七億もの金額である。それに応えてくれた富士銀行は、やはり信用できる銀行だったと思う。

そのおかげで、私は一二月一五日には二五億円すべてが用意でき、いちばん乗りとなって鹿屋ガスを落とすことができた。

これはカマタにとって非常に大きな買収となった。鹿屋ガスはいまでは「レモンガスかごしま」となり、グループのなかでいちばん安定した収益を上げる会社になっている。

小さな会社というものは、いざ飛躍をしたい、というときに備えて、心許せて助けてくれる信用のおける取引先や銀行を日ごろから作っておくようにすることが大切である。小さな会社のくせにあちこちに仕入れ先を分けたり、少しくらい金利が安いからといって銀行をちょいちょい変えるようなことでは信用を得ることはできない。

私は、無理をしてでも丸紅と長い付き合いをし、富士銀行と取り引きし、信用を作るようにしてきた。会社がある程度の大きさになったら、それなりに取引先が数社になり、銀行も複数の会社に取り引きを拡大することはやむを得ないが、しかし、それまではまず会社は取り引き関係から信頼される経営をすることが重要だ。これに尽きると思う。

第四章

これからは水の時代になる！

1、水事業のスタート

商品作りの基準はそれが地域環境にとってよいものかどうか

ＬＰガスの料金支払いをコンビニでできるようにしたとき、コンビニとやり取りをしていてもうひとつ気がついたことがあった。それは、ペットボトル飲料の多さである。

コンビニで見ていると、帰りがけのサラリーマンが買っていく。職場で昼食時に自動販売機で一本買う。どこかに出かける際にも買っていく。私はゴルフを趣味にしているが、ゴルフをする人もゴルフ場の行きや帰りにペットボトル飲料を買って飲んでいる。もし四人家族だったとして、ひとりが一日一本のペットボトルを買うとすると、四本×三六五日＝一四六〇本。四人家族が一年で消費するペットボトルは一四六〇本もの数になるのだ。これを破棄し、回収し、再生することがどれだけ大変なことか。

戦後、私が父の練炭事業を継いだときのことを思い出してみてほしい。石炭を燃料として作られる練炭は、燃やしたあとに灰が四割も出た。お客さんに新しく練炭を買ってもらうためには、灰を回収してあげなければならなかった。それは大変な労力であり、人件費がかさむものだった。そのとき私は、「捨てるものが多い商品は、ダメになる」と感じ、練炭からLPガスに事業転換をしたのだ。

捨てられたペットボトルの山を見て、私は同じことを感じていた。これほど捨てるものが多い商品はきっと続くまい。

ペットボトルを回収しても、ほとんどが使用前と同じ飲料用のペットボトルには再生されない。再生コストがかかりすぎるからだ。ほとんどは、卵パックやポリエステル繊維に再製品化されたり、廃棄物固形燃料になったりする。一度使われたものは、次はもうレベルの低いものにしか再生できないのだ。

これが地球環境にとって、はたしていいことなのだろうか。

私が最近読んだ本に、アメリカでベストセラーになった、アラン・ワイズマンの『人類が消えた世界』（早川書房）がある。これは人類の未来を予想したSF小説である。

その小説の内容はこうだ。

あるとき、世界中の男性に精子が作れなくなる病気が慢延する。そのために子どもが生まれなくなり、やがて人類が死に絶えてしまう。ニューヨークも東京も人がいなくなってしまう。

一年ほどたつと、配管の中の水が腐り、建物が腐って、二〇年後くらいにはすべて廃墟となる。同時に、世界中のペットボトルが粉末になって海の中に溶け込み、それが原因で魚が死に絶えてしまう。廃墟になった地球がもとのようになるためには、一〇万年もかかるという。

これはもちろんSF小説の中での話であるから、このまま鵜呑みにはできないだろう。しかし、その将来の予測は参考に値すると思う。

私は、いつの日かコンビニからペットボトルが消える日が来るのではないかと思う。これからは、商品作りを考えるとき、それが地球環境にとってよいものかどうかという点を判断基準としなければならないだろう。

人は水と空気がなければ生きていけない

経営者は、常に「一〇年後はどうなるか」を見通していなければならない。ではこれから先、いったいどんな時代が来るのだろうか。

一九世紀は「石炭の時代」であり、二〇世紀は「石油の時代」だった。私は、二一世紀は「水の時代」になると思う。

人間は、石油やガスがなくても生きていける。便利さを失うだけである。しかし、人間は水と空気がなければ生きていくことができないのだ。

地球儀を眺めてみよう。青い水の部分がとても多い。だから、地球には水は豊富だと思われがちだ。しかし、その大部分の九七パーセントは海水であって、人は飲むことができない。淡水で人が生きていくのに使える水はたった三パーセントしかないのだ。

その三パーセントの水は、世界中の四〇億人の人口をカバーすることしかできない。世界の人口が六〇億人を超えたら、水は不足してしまう。すでに現在、世界中で五〇〇〇万人もの人々が、飲み水に困っているのだ。世界の人口が六〇億人を超えると、それは地球環境問題になってしまうのだ。

これからは、その三パーセントの水をどう使うかが大切になってくるだろう。また、海水を淡水化する技術であったり、汚い水でも飲み水に変えて供給できるようなシステムを作ったりする技術が必要になってくると思われる。

これまで、「空気と水はタダで得られるのがあたりまえ」という時代が長く続いてきた。

しかし、これからはそうはいかなくなるだろう。安全な水を環境にやさしいかたちでお客さんに届ける。これが次の時代の事業になるのである。

「アクアクララジャパン」で水事業の取り組み

これからは、水の時代になる。

そう考えた私は、アクアクララジャパンという会社の下で水事業に取り組みはじめた。すると、なんと一年もたたないうちにアクアクララジャパンの経営が傾いてしまった。

さて困った、と思っていた矢先に、アクアクララジャパンが「民事再生」を開始するという。会社を再生させるために、ほかの企業に事業を引き継がせるのだ。そこで私は、「せっかく水の事業を始めたのだから、アクアクララジャパンの再建にチャレンジしよう」と考えた。

「民事再生」というのは、あまり聞き慣れない言葉かもしれない。

例えば、ここに五〇億円の負債のある会社があるとしよう。運転資金が不足して倒産するが、資産を再評価して、運営可能であると判断されると民事再生法が適用され、再建のために企業を再生させる会社を応募し、管財人が入札で再建会社を決める。

この場合、よく知られているものに会社更生法がある。会社更生法では、経営陣は事業の経営権を失って管財人が経営にあたる。それに対して、民事再生法では経営陣は刷新されず、そのまま継続して経営にあたることができる。社長は、もう一度経営を立て直すチャンスを与えられるのだ。

ところが、アクアクララジャパンの場合は、会社が傾く原因のひとつに社長の取締役としての忠実義務違反があったのだ。そのため、民事再生委員から社長の継続は認められないという判断が下されていた。

前の社長は、続投しない。だから、もしアクアクララジャパンを引き継げたら、経営そのものをやれるのだ。私たちは「ますますやりがいがある、ぜひとも落としたい」と考えた。

なぜ大手の上場有力企業を抑えて、民事再生に選ばれたのか

そのとき、アクアクララジャパンは負債総額が四五億円ほどあった。細かな数字も入れると実質はもっとたくさんの負債があっただろう。当時、レモンガスは資本金が二〇〇〇万円だった。資本金二〇〇〇万円の会社が、負債総額四五億円以上の会社を再生しようと

いうのである。

なぜ、アクアクララの民事再生に、上場有力企業の大手を抑えて資本金二〇〇〇万の当社が選ばれたのだろうか。

企業が倒産するのは、通常、資金がショートし支払先に商品代金を精算できない場合か、銀行から借り入れた債務の支払いが期日になっても返済できない場合のいずれかである。

倒産の場合、すべての財産を債権者で処分し解散するが、再建の見込みのある場合は、会社更生法によってその企業の維持更生を図ることができる。アクアクララジャパンは、倒産するおそれのある企業として民事更生法によって再建されることになり、改めて再建手続きが開始され、当社も参加したのである。

民事再生の場合、倒産した企業の取締役も再度経営に参加できることがあるが、今回の倒産の原因は明らかに経営陣の業務怠慢によるので、全員退職することが前提となった。アクアクララの民事再生に参加した企業は、水関連の上場企業を含む有力企業二〇社が第一次選考された。

第二次選考は保証金一億円を積み立てたうえでアクアクララジャパン内部資料の確認と調査点検をする。選ばれた企業は六社であり、当社を除く五社はいずれも上場企業であった。

挑戦権を得ても、非常に高いハードルが存在し、勝ち抜くことが大変厳しい状況だったが、最終買い取り価格を提示し、審査を待った。

民事再生には企業の所在地の弁護士数名が指名され、その面前で会社再建についての方針説明をする。当社が提案した再建計画の買取価格と経営者としての見識が審査の基準である。創意熱意は十二分に説明したが、金額と当社の企業規模、さらに経営者である私は当時七五歳という年齢である。有力企業との競争をするにもまったく自信がなかった。せっかく始めた水事業を今後どう構築するのか、年の瀬もせまり不安がよぎる数日だった。

吉報は、一二月二〇日に来た。私に直接電話があり、「御社に決めたから、至急来社してほしい」という。アクアクララの本社は大阪にあった。私はすぐに大阪に出かけていった。「これでいい新年が迎えられる」という喜びと同時に、アクアクララのビジネスパートナー六〇社が当社のリーディングカンパニーとして参加してくれるだろうかと、大きな不安が頭をかすめた。

理由は簡単である。

練炭を止めてLPガス事業を始めたときには、販売店と私とはすでに信頼関係で結ばれていた。しかし、今回民事再生でリーダーカンパニーとなったアクアクラジャパンの特約店は、もともと電力会社という当社よりもはるかに組織の大きい会社の系列企業だったのだから。不安は当然である。

「ついてきてくれるかな」。私の投資した金額では、これらの不安を取り除くことができるかどうか分からなかった。

「あなたの表情がよかったから決めました」

管財人の弁護士は、どさっと書類を目の前に置いて、手続きを始めた。しかし、私はどうして選ばれたのか不思議でならなかった。私は、思い切って聞いてみた。

「ほかの五社はみんな優良企業なのに、うちは資本金二〇〇〇万円です。そのうえ、もともとアクアクラジャパンの下請けをしていた会社です。どうしてうちに決まったのですか？」

弁護士は、その理由を二つ三つあげた。そして、最後に「君の印象がよかったから」と言うのだ。

これは半分冗談だったかもしれない。新しい事業に対する確固としたビジョン。それをやり通そうとする意志の強さ。それを熱く語ったこと。これらをひっくるめて「印象がよかった」と表現したのだろう。

私は、弁護士に好印象を持たれたのは運がよかったと思った。そして、「この運を無駄にしてはいけない。新しく事業展開したときに、この運を使わなければならない」と考えた。

その後、社名をアクアクララ株式会社と改めて再建に成功し、平成一五年（二〇〇三年）から、デザインウォーター「アクアクララ」の販売を開始した。現在では三〇万所帯にボトルウォーターを配給し、ボトルウォーター業界のトップにまで成長させたのである。

2、ボトルウォーターを宅配する時代へ

ピュアウォーターに四種類のミネラル成分を入れたミネラルウォーター

ここで、アクアクララの取り扱っている水についてご説明したい。

現在、アクアクララでは、一二リットルのボトルウォーターを一般の家庭や企業などのお客さまにお届けするシステムを行っている。

「アクアクララ」のネーミングは、「水」を意味する「アクア」と、「透明感（クリア）」を意味する「クララ」からつけられている。

その名の通り、アクアクララは、水を一〇〇〇万分の一ミリという極小浄化孔フィルターRO膜（逆浸透膜）に通して完全に不純物を取り除いてピュアウォーターにしたものに、人間にとって必要な四種類のミネラル成分を入れて美味しいミネラルウォーターを作っている。だから、すべての水がきちんと管理された品質を保っている。

ペットボトルの半分の価格ですむ宅配ボトルウォーター「アクアクララ」。

たったひとつのボトルで三〇〇〇本分のペットボトルを捨てずにすむ

アクアクララのボトルウォーターは、宅配システムである。水を使い終わったら、回収して洗浄し、新しく美味しい水を詰めてまた宅配する。ボトルは約三年で交換するので、それまでは何度でも同じボトルを使用できる。

これを、ペットボトルに換算してみよう。

一般にコンビニや自動販売機で買うペットボトルは五〇〇ミリリットルである。

今、四人家族では一日平均二・七本、一年間に約一〇〇〇本のペットボトルの飲料を飲んでいるといわれている。三年間で三〇〇〇本のペットボトルを消費し、捨てているのだ。

一年で一〇〇〇本のペットボトルを、「アクアクララ」のボトルウォーターに換算してみよう。「アクアクララ」のボトルは一二リットル入り容器だから、ボトル一個が五〇〇ミリリットルのペットボトル二四本分である。一年間一〇〇〇本のペットボトルを消費するとしたら、ボトルはたった四一・六本ですんでしまう。しかし、実際にはボトルは三年間使用できるから、たったひとつだけのボトルで三〇〇〇本分のペットボトルを捨てずにすむのだ。

では、値段はどうだろうか。

ペットボトルの水は、だいたい五〇〇ミリリットルで一一〇円だから、一リットルにすると二二〇円。「アクアクララ」は一リットル一〇〇円である。宅配して半値である。一年分の金額を考えると、五〇〇ミリリットルのペットボトル一〇〇〇本では、合計一一万円になるが、「アクアクララ」ならたったの約五万五〇〇〇円ですんでしまう。一年で五万五〇〇〇円、三年で一五万五〇〇〇円も価格に差がついてしまうのだ。

地球環境問題に家計の問題。今、この両方を考えてみるべきときに来ているのだろう。

第五章　私の昭和と戦争

戦争の悲惨さを語り継ぐために

平成二〇年（二〇〇八年）八月二二日の産経新聞に、このような記事が載っていた。一四歳の女子中学生が投稿したものである。

「この夏休みに、『戦争の聞き取り調査』という宿題が出ました。でも、私の祖父母はふたりとも戦争の経験があまりありません。そこで、改めて戦争から何年たつのか計算してみて驚きました。もう、終戦から六三年がたっています。

これから何年かたつと、いずれは戦争の経験者がひとりもいないという時代がおとずれます。そうしたら、誰がこの戦争の悲惨さを語り継いでいくのでしょうか。

時間がたてばたつほど、私たちの戦争に対する関心は薄れていってしまいます。

戦争を再びしてしまう日が来ないためにも、私たちはもう少し戦争について深く考えなければならないと思いました」

このような投稿を中学生がしたことに、私は驚いた。今の若い人たちも子どもたちも、もう誰も戦争のことなど聞く耳を持たないとばかり思っていたのだ。しかし、どうもそうではないらしい。戦争の記憶が薄れていくことを憂いている少女が、現実にいるのだ。

戦争を経験したものとして、私はそれを語り継がねばならない。この少女の想いに背中を押されて、これから私自身の戦争の体験をお話しようと思う。

福島から東京へ

今でも鮮明に覚えている情景がある。私が尋常小学校の一年生くらいのころだったと思う。

母と私は、上野発の常磐線に乗っている。当時の常磐線はまだ汽車で、煙突から臭い煙を吐き出していた。水戸の駅に停車すると、必ず母は羊羹を買ってくれる。やさしい桃色の羊羹は、とてもおいしかった。やがて汽車は勿来《なこそ》駅に着き、そこからふたつほど離れた村にある母の実家に行くのである。汽車に乗れて、羊羹が食べられる。母とふたりで実家に行くのは、私にとってとても楽しみな出来事だった。

母の実家は、ごく一般的な田舎の農家である。土間の続きには馬小屋があり、囲炉裏の横座には、母の兄である一家の長がゆったりと座っていた。庭には丸い大きな井戸があって、夏にはその井戸にすいかを降ろして冷やして食べ、また、庭の前の川で魚を捕っては焼いて食べたりした。

実家での暮らしには解放感があり、母はとても生き生きし、同じように私ものびのび過ごしていた。そのころ、二年に一度はこのような里帰りがあった。そしてこの楽しい暮らしは、やがて父が迎えに来ることによって終焉を迎えるのだった。


昭和三年（一九二八年）一〇月一二日、私は福島県の勿来で、父弥平、母クニの四男として生まれた。子どもは全部で七男二女あった。

勿来は、律令時代に奥羽三関のひとつである勿来の関があったと言われている地で、今のいわき市南部にあたる。「蝦夷はここより先に来る勿《なか》れ（来てはいけない）」という意味で、蝦夷の南下を防ぐ場所であったという。

室町幕府を開いた足利尊氏の祖先とされる源義家（八幡太郎義家）が東北征伐に行く際に、勿来を訪れて詠んだといわれる歌が『千載和歌集』にある。

吹く風を　勿来の関と思へども　道もせに散る　山桜かな
「来る勿れといわれるところだけれど、来てみたら、なんと素晴らしい桜の景色であることだろう」という意味である。

３歳のころ、父弥平とともに。怖い父が大嫌いで逃げ回っていた。（昭和６年ごろ）

勿来には、赤津家の一族が住んでいた。墓地に行くと、墓碑銘が赤津だらけなのだ。

さきほど私は四男として生まれたといったが、私自身は長じるまでずっと三男と思って過ごしていた。ひとつ上の兄が生後間もなく死んでしまったため、その存在を知らなかったのである。成人してから戸籍を見てはじめてそのことを知った。

長男は父の名から一文字取って弥喜雄《みきお》といい、次男も同じく弥智雄《みちお》という。私だけはなぜか、生まれた日にちから、「一二《かずじ》」と命名された。兄たちの名に対してあまりにそっけない命名の仕方である。上のふたりに難しい読み方の字をつけたため、父が面倒になってしまったのかもしれない。

そのころ家業がどのようなものだったのか、幼かった私はよく覚えていない。畑を耕しつつ、店を持って米や菓子などを売っていたようである。祖父は弥太郎といったが、仕事をしないで博打にのめり込んでいた。たまに勝つと調子に乗って負けるまでやり続けてしまう。その結果、借金を抱えて馬は売られ、家にあるものが次々と売られるという状態になってしまった。

こんな親父と田舎で暮らしていたら、じきに財産がすべてなくなってしまう。そう判断した父が、田畑や財産をみんな売って資金を作り、東京に出て小さな練炭会社を興したのである。昭和五年(一九三〇年)、私が二歳のころのことだった。

母が背負った大家族二一人の世話

当時、練炭会社は全国に千社ほどあった。父が作った会社はそのうちの九〇〇番目くらいの小さな町工場である。

現在、品川区といっているあたりは以前は荏原区といい、父の会社は荏原区東中延にあったため「中延練炭」と呼ばれていた。

母は、勿来から村ふたつほど離れた山田の農家の出である。当時は恋愛などというものはなかったから、見合いで嫁いできたものだろう。ごく単純な人柄であった。

しかし、単純であったからこそ、あのころのすさまじい日常生活を切り盛りできたのだと思う。福島から出てくるとき、父は母のほかに、祖父と曾祖母と父のふたりの妹をも伴っていた。昭和六年（一九三一年）当時、中延練炭には、工員が六人ほどいた。そのうち五人は住み込みである。小さな子どもが四人。そのうえ、さらに四人子どもが生まれてくるのだ。この一家二一人の世話を母ひとりが背負っていたのである。

曾祖母は江戸時代の末期である文久三年（一八六三年）生まれである。その曽祖母が大姑として君臨し、小姑ふたりに義父を持つ母は、年がら年中誰かしらから怒られていた。当時は今のような洗濯機もなければ、水道もない。井戸から水を汲みあげなければならないのだ。水洗トイレなどもちろんない。その中で、母は姑たちに叱られながら家族と工員の炊事洗濯の面倒を見なければならないのである。

父はとても威張っていて、すぐに暴力をふるった。私はもちろんのこと、母もよく父に殴られたり蹴られたりしていた。私はその父が怖くて仕方がなかった。しかし、私にとっては嫌な父親だったけれど、叔母や祖父母たちからは神様のように思われていた。財産を売り払って福島から出てきて事業を興し、ともかくも東京での生活が成り立っているのである。父自身は中学もろくに出ていなかったが、ふたりの妹には教育を受けさせ、教師や会社員として収入が得られるようにさせていた。明治や大正の時代に、女性が学問をさせてもらえることなどめったになかったのだ。

母が父と激しい喧嘩をしたときの唯一の抵抗は、実家に帰ることだった。夫の仕打ちが原因での離婚などは考えられない時代である。家出をするとき、母はいつも私ひとりだけを連れていってくれた。私はそれが楽しみで、今度はいつ母が家出をするかと期待していたほどだった。

しかし、実家での母の生き生きした毎日は、じきに父が迎えに来ることで必ず終わりを告げた。母という存在がなければ、東京での大家族の暮らしは一日たりとも成り立たなかったからである。

「良き国に生まれたのだから、国事のために頑張らなければなりません」

父の会社は次第に軌道に乗るようになり、私が中延尋常小学校の四年生くらいになると、父が直接仕事をしなくても従業員に任せておけるようになった。余裕が出てくると、父は荏原の市会議員や学校の後援会会長などをするようになった。今でいう区会議員やPTA会長である。

昭和一四年（一九三九年）、第二次世界大戦が勃発した。学校にも戦争の影が落ち始めるようになった。

祝祭日には、校長先生が全校生徒の前で教育勅語を読み上げ、訓示をする。引き続き、後援会会長である父が演説するのだ。

教育勅語は、もともと明治二三年（一八九〇年）に明治天皇が国民に道徳について語りかけるという形で発布されたものである。しかし、昭和一三年（一九三八年）に国家総動員法が制定・施行されると、教育勅語は軍国主義の教典として利用されるようになっていった。当時の国民学校の四年生以上の生徒は、教育勅語の全文をそらんじていた。

全校生徒の前で校長先生が教育勅語を読んだあとに、父が演説をする。それはいつも決まって「お国のために尽くさなければならない」という話だった。「みなさんは天皇の子として良き国に生まれたのだから、国事のために頑張らなければいけません」という話を大真面目で延々とするのである。

そんな話に感化されて、次第に私は軍国少年になっていった。

やがて中学を受験する年になった。私は大崎（現在の西五反田）にある攻玉社という中高一貫教育の中学を受験することになった。攻玉社の創立者は、明治の六大教育者のひとりである近藤真琴先生で、先生の建学の精神は「和魂洋漢才」というものである。すなわち、日本人の魂をベースとした西洋と東洋の学問を身につけることにあった。

今でこそ大変な進学校になっているが、当時、攻玉社は軍人の予備校のような学校だった。海軍大将が二四人も出ていたし、終戦直後の総理大臣である鈴木貫太郎も攻玉社出身だった。なにより、攻玉社は家の近くにあった。電車に乗らず、歩いていこうと思えばできるくらいの距離なのである。そのような地理的条件も、人生を形作るうえで重要な意味を持ってしまうこともあるのかもしれない。

「武士道とは死すことと」と見つけたり

現在のような小学校六年、中学校三年、高等学校三年という学校制度に統一されたのは、戦後の昭和二二年（一九四七年）に学校教育法が制定されてからのことである。明治から昭和の初期にかけての小学校は尋常小学校と称し、それを六年で卒業すると、二年制の高等小学校に進むか働きに出るのが普通であった。経済的に余裕のある家庭は、旧制中学校に進んだ。旧制中学を卒業すれば、旧制高校をはじめ陸軍士官学校や海軍兵学校に進学することができた。それはごく限られた子どもだけが進む道だったのである。

攻玉社は旧制中学校であった。旧制中学はもともと五年制であったが、昭和一六年（一九四一年）に制定された中等学校令によって四年に改められた。同年四月には、国民学校令が公布され、尋常小学校がなくなり、国民学校制が実施された。第二次世界大戦が勃発してから二年後のことである。

国民学校は、戦争という社会情勢によって生まれた制度である。子どもの鍛錬を目的とし、国家の役に立つ「少国民」の育成を目指していた。子どもをも巻き込んだ国民全体での戦争体制強化の政策なのだった。

私が中延尋常小学校を卒業して攻玉社に進んだとき、ひとりの先生から「これを読め」と渡された本がある。それは江戸時代中期に鍋島藩（今の佐賀県）の藩士が残した『葉隠』という武士道を説いたものであった。その中のある一文に、私は胸をつかれた。

「武士道というは死ぬことと見つけたり」

以後、私の心にこの言葉は深く残ることになったのである。

二〇歳を過ぎると健康な男子は徴兵されて兵役につかねばならない。しかし、徴兵とは別に、志願して軍隊に行くという道もあった。

昭和一六年（一九四一年）太平洋戦争が勃発してから戦争はますます激しくなり、男子は次々に戦場に駆り出されていった。世界中に広がる戦局に対して、兵士をいくら送りだしても足らなくなってきたのである。

ついに昭和一八年（一九四三年）、それまで満一六歳の中学四年生でなければ兵学校への入学や入隊が認められなかったのが、特別幹部公布令の制定によって志願年齢が満一四歳まで引き下げられた。

そのとき私は中学三年になったばかりだった。その一五歳の春に、両親には一言も相談しないまま陸軍特別幹部候補生として志願した。

男子に生まれたなら、お国のために死ぬのはあたりまえ

なぜ、まだほんの子どもにすぎない一五歳の少年が軍隊に志願したか。重い鉄砲を担いで、硝煙の中をくぐり、泥まみれになって戦場を駆けずり回ろうという気になったのか。

今を生きる人たちに、その時代の雰囲気を正しく伝えるのは難しいだろう。しかし、私が軍隊に志願したとき、攻玉社中学からの志願者は私ひとりではなかった。一クラス四五人のうち平均五人は志願していた。一学年は四クラスあったから、二〇人前後もの子どもたちが、海軍兵学校や予科練、陸軍幹部候補生などに自ら志願していったのである。

今、私の手元には、小さな一冊の本が残っている。掌にすっぽり収まり、いつでも持ち歩けるような体裁になっているものだ。擦り切れた表紙には、『十二章、兵務課編集、青年学校教科書教練』と書かれている。教練の教科書であり、この中に教育勅語も記されている。

中学一年になったとき、全生徒がこの教科書をもらう。教練の授業で使うのである。正式な軍隊から中学に派遣された隊長が、常に教練の授業をする。ほかのどの教科より、教

練の授業時間は多いのだ。毎日のように、鉄砲の持ち方や匍匐《ほふく》前進などの実務を行うのでである。

この中には、教育勅語とともに男子の心得も書かれている。最も大切とされていたのは、「軍人は武勇尊ぶべし」ということだ。「国のために死ぬのは男の本分だ」、そして青年は学徒に出陣せよとある。毎日毎日、繰り返しこれを読まされ、かつ軍人である教練の先生から教え込まれるのだ。

それでも中学一年のときには、すこしは勉強らしきものがあった。ところが二年生になると、戦局が厳しくなってのんびり学校に行って勉強するどころではなくなり、学徒動員されて工場で働くことのほうが多くなってしまった。

世間では、「一億総玉砕」が叫ばれるようになった。外地での戦闘がうまくいかなければ、最後には日本本土で決戦をするというのである。そうなれば、当然民間人をも巻き込むことになる。すべての日本人が死ぬつもりで、本土で敵を迎え討つ覚悟を求められるようになっていったのだ。

そのような時代に、学校では「男子に生まれたなら、お国のために死ぬのはあたりまえ」と教えられ、しかも、その学校はもはや機能していず、朝から直接工場に行って労働する

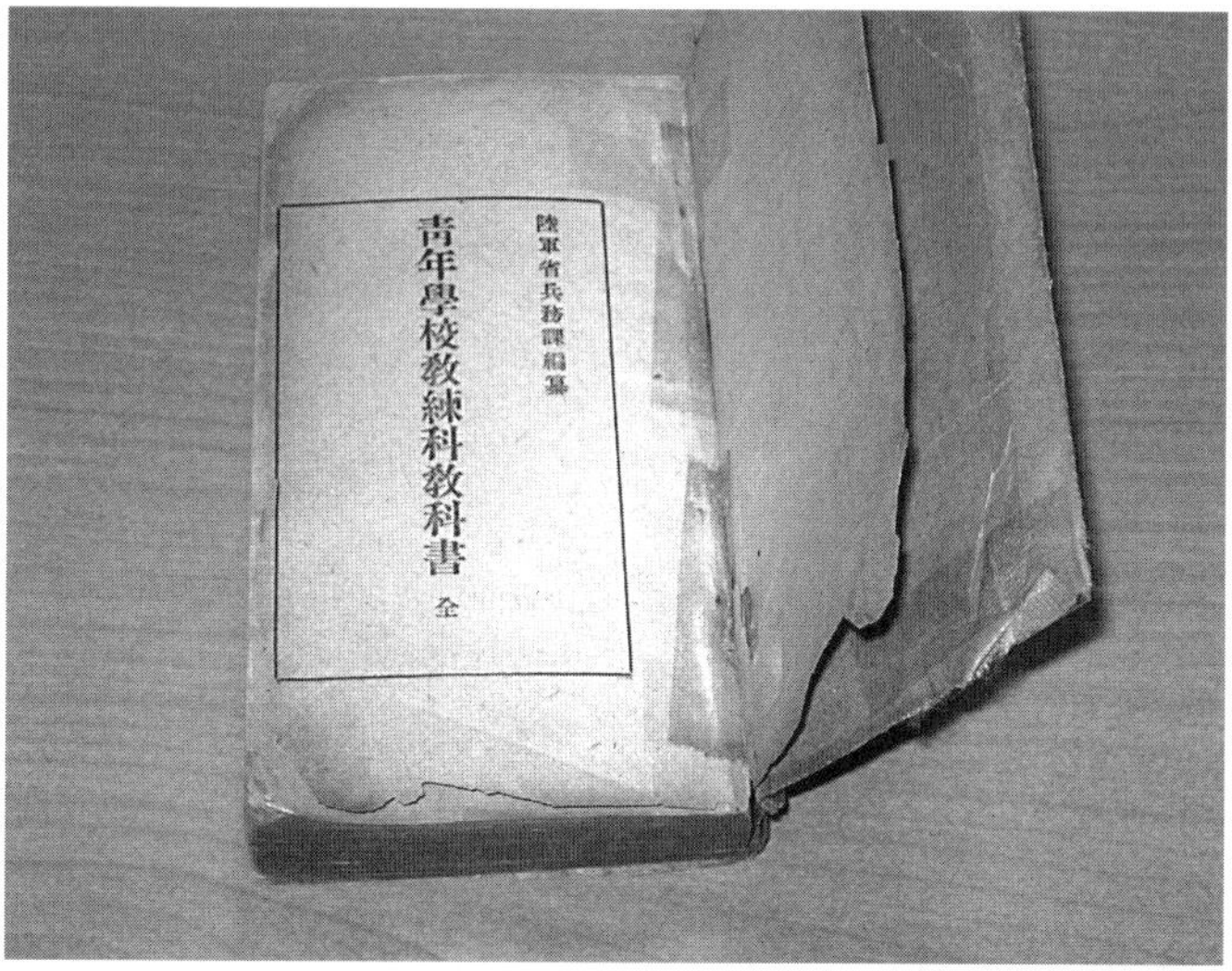

中学１年になると配布された『青年学校教科書教練』。教練の教科書であり、鉄砲の持ち方や匍匐前進の仕方が絵入りで詳しく載っている。これに沿って戦争のための訓練をやらされた。

日々なのである。工場で働くのは、もう嫌気がさしていた。もう少し成長するまで待ってから軍隊に行ってもいいだろう。それも私にとってはひとつの選択だった。

けれども、なによりもそのころの私は純粋だったのだと思う。「国のため、天皇のために死ぬのは男の本懐」だと本気で思っていたのである。それなら、毎日工場で働いているより、一日も早く軍隊に入ってお国の役に立とう。

当時、中学生の間で流行っていた歌がある。「ルーズベルトのベルトが切れて、チャーチルチルチル花が散る」

というものだ。当時のアメリカの大統領のルーズベルトとイギリスのチャーチル首相を揶揄したものである。家庭も学校もそんな雰囲気だった。

当時は、軍国少年でない子どもはいなかった。私に言わせれば、「なぜ、わざわざ志願したか?」ではなく、「どうして志願しないの?」ということのほうが不思議なくらいだった。軍隊の予備校のような中学で教え込まれ、父親の演説を聞きながら暮らしていて、戦争に行こうという気持ちになったのは、ごく自然な成り行きだったのである。

両親の嘆きの中での入隊

昭和一九年(一九四四年)、中学三年になるとすぐに、私は軍隊に志願した。すると早くも五月に入隊通知がきた。「八月一五日に、島根県松江の陸軍航空隊へ入隊せよ」というのである。

しかし、私は両親にそのことをなかなか告げられないまま、いたずらに日にちがたっていった。なぜ言いにくかったのか、実は今でもわからない。しかし、赤津家は長男も次男も二〇歳を過ぎていたために召集されており、生死もわからない状態である。そのうえ三番目の男子(三男は死亡しているため)の自分まで戦争に行くことを母がどう思うだろうかと、子ども心に慮《おもんぱか》ったのかもしれない。

当時の交通事情からすると、島根県の松江に行くには、少なくとも一二日には出発して、どこかで一泊しなければならない。だんだん入隊日は近づいてくる。もうこれ以上黙っているわけにはいかない。八月に入り、ようやく私は志願したことを両親に伝えた。

母はその瞬間に顔色を変えて驚き、「お兄ちゃんがふたり戦争に行っているのに、なんであなたまで行く必要があるの」と涙声になって叫んだ。

その夜、壮絶な夫婦げんかが始まった。「あなたの教育が悪い」「お前の育て方が悪い」とお互いに相手を責める激しい言葉が居間から聞こえてくる。母は泣き崩れている。父などは、それまで学校で後援会長として「お国のために死ぬことは男の本懐だ」とあれほど演説していたのに、いざ自分の子が志願するとなると大騒ぎなのだ。他の家の子どもが戦争に行くのは奨励するが、自分の子は嫌なのである。公の場と家庭で言っていることが違う。母はおろおろし、父はカンカンに怒る。それも愛情の表現なのだろう。私は驚き呆れ、「普通の父親と母親なのだなあ」と思った。

驚いたことに、入隊一週間前になると母親が千人針を作ってきた。千人針とは、一メートルほどのサラシ（晒）に、千人といわれるほど多くの女性に赤い糸でひと針ずつ結び目やお金を縫いつけてもらい、それを肌につけていれば弾丸が避けられるというものである。お金の五銭玉を縫い付けると死線（四銭）を越え、一〇銭玉なら苦戦（九銭）を越えるという理由で、愛する我が子のために街頭に立ち、多くの女性に協力をお願いして作るものだ。

母は、入隊の話を聞いて大急ぎで千人針を作り、それを出発の前日に私に渡してくれたのだ。千人針のついたサラシを受け取ったとき、私は母の想いを感じた。母は嘆き悲しみながらも、切符を手配してくれたり、荷物を整えてくれたりした。

出征の当日、通常なら駅で知人に旗を振られて見送られるのだが、激怒している父は「お前なんか送らない」という。私も「ひとりで行きますから、そっとしておいてください」といって、学校に届けだけを出して出発した。

私はそれまで、熱海や箱根より先には行ったことがなかった。ましてや、新幹線などはない時代である。たったひとりで東京から急行に乗り、京都で山陰線に乗り換えて何時間もかけて行くのである。車内で母親が握ってくれたおにぎりを食べた。母から「松江に着いたら旅館に泊まりなさい」と言われていた。しかし、いったんは駅の改札を出たものの、

町会長だった父弥平は、学校でこのような姿で演説し、出征兵士を見送っていた。（昭和19年ごろ）

どうやって旅館に泊まったらいいのかわからない。まだ、たった一五歳の中学三年生の少年なのだ。しかたなく駅に戻ってベンチで一晩寝て、翌日松江の軍隊に入隊した。

　ずっと後のことになるが、終戦後、私は怪我こそ負ったけれども、なんとか生きて日本に帰ってくることができた。幸い、ふたりの兄も生きて帰った。父は私の出兵についてはなにも言わなかったが、なぜか公職はきっぱり辞めてしまった。区会議員をした人の中には、戦前はあれほど戦争をあおっていたのに、戦後は掌を返したように発言が変わって、なに食わぬ顔で衆議院議員などを務める人もいたのである。しかし、父はそれをしなかった。家庭内で暴力をふるって威張ることもなくなり、すっかり家庭的になり、仕事一筋に打ち込むようになっていった。

2、厳しい軍隊生活

遺書を書かされ、爪と髪を切って

昭和一九年（一九四四年）八月一五日、一五歳の私は、陸軍特別幹部候補生として松江の部隊に入隊した。

軍隊では三ヵ月を一期とした訓練期間がある。入隊した最初の三ヵ月間の訓練は、適性検査を兼ねている。私は幹部候補生といっても航空兵なので、飛行機に乗れるのかどうか、飛行機乗りより整備が向いているのかを調べられるのだ。

ところが、昭和一九年も後半になると、内地には敵と戦える飛行機はまったくなくなっていた。飛べる飛行機がないので、整備にまわるしかないのである。

その訓練ともいえないような三ヵ月間が終わると、外地に転属命令が出た。どこに行くのかはわからない。「もう行くのか」というのが、私の正直な気持ちだった。

すでに日本は制空権も制海権もなくなっていた。日本の上空を自由に敵が飛行機で往来でき、海にも敵が自由に出没して、日本の領土内で三割もの船舶が沈められるようになっていた。

数日後、どうやら私は満州に行くらしいとわかった。島根県の松江から下関に行き、関《かん》釜《ぷ》連絡船に乗って釜山まで行くのである。日本の領土を出れば、敵の攻撃はますます激しくなる。敵に撃沈されずに釜山に到着できるのは五割の確率だ。

しかし考えてみれば、日本国内はすでに制空権もなく、敵と戦える飛行機もなく、空襲されるがままなのだ。それに比べれば、満州は関東軍がしっかりしているために、空襲も爆撃もなく、むしろ安全な場所だったといえよう。でもそのためには、海を無事に渡らなければならない。

最初に、私たち派遣組は遺書を書かされた。軍隊では内地（日本）から外地に派遣される場合、遺書を書かされるのである。爪を切り、髪を切って遺髪として封筒に入れる。遺書は書き方が決まっている。「日本に生まれたことを感謝します。健康に育ててくれた両親に感謝します。天皇陛下のために死ぬのは男の本望です」という内容を書くように指導されるのだ。もし、それに違反するような女々しい文章を書けば、全部検閲が目を通しているので罰を与えられてしまう。自分の書きたいことなど書けないのだ。それが軍隊である。

子ども心にも、これに添って書かないと大変なことになるというのは想像できた。だが、それればかりではない。実は本心からそのように思ってもいたのだ。戦死すれば、軍神となって靖国神社に祀られる。そう信じ、それが男の本懐と思っていたのである。

航空飛行兵として、中国へ

一一月一五日に第一期の訓練が終わり、何日もたたない一二月のはじめの寒い日に、私は下関から関釜連絡船に乗って満州に向かった。船はいつ撃沈されるかわからない。その中で、兵隊は船底に鮨づめに詰め込まれたうえに揺れて気持ちが悪くなって大変だった。釜山《プサン》は、現在の韓国南部の港である。そこに着くと、今度は鉄道に乗せられて吉林《チーリン》省にある敦化《トンホア》の部隊に行くことになった。

列車に乗って、現在の朝鮮半島の海沿いを北上すると、清津《チョンジン》に着く。そこではじめて列車から降りて外の空気に触れた。そこはマイナス三〇度のすごい寒さである。私の経験したことのない寒さだった。

少し外に出て休憩していると、目が開かなくなってしまう。私は子どものころまつ毛が長かったのだが、自分の吐く息がまつ毛にかかって、その瞬間、チャリチャリと固まってしまうのである。一〇分間耳を擦《こす》らないでいると凍傷になってしまう。上官は「五分おきに耳や鼻を擦るように」と言う。その寒さに私は驚き、「こんなところで人間が生きていけるのだろうか」と思った。

敦化に着くと、第五四飛行大隊の一六六部隊に編入され、また一期三ヵ月の訓練をやらされた。そこにはいくらか飛行機があった。しかし、マイナス三〇～三五度の世界での訓練である。体感温度はさらに一〇度くらい低い。その寒さはすさまじいものである。

翌年一月には、今度はチチハルの部隊に転属になった。チチハルは大興安嶺《ターシンアンリン》山脈の麓にある。西はモンゴルに接し、東北はソ連との国境になる場所である。

満鉄でチチハルに向かう途中には、大慶《ターチン》がある、ここは戦後の昭和三四年（一九五九年）に大慶油田が発見され、中国屈指の大きな油田となったところである。後に私が日本に帰国して石油ガスの仕事をするようになってから大いに意識する場所になるのだが、そのときには気にも留めなかった。

このときには、ひとつ思い出がある。

敦化を出て少し行くと松花湖《ソンホワ》という場所に着く。そこで休憩を取ることになって外に出ると、ちょうど夕暮れどきである。大きな松花江という川があったが、寒さにすっかり凍りついていた。そこに白系ロシア人が集まり、凍っている川に十字を掘り、キリスト教のミサを行っていた。みな白い服を着て、キャンドルにともし火を入れて音楽を流し、荘厳な雰囲気である。とても美しい光景だった。中国大陸に入ってから、このような美しいものを見るのははじめてであった。「こんなきれいな女の人がいるものか」と思いながら、私はしばしば呆然と見つめていた。そのあたりには、ロシア革命で追われてきた旧ロシアの人たちがたくさん住んでいたのである。

零下三〇度の中、夜中に便所で泣きながらおにぎりを食べる

チチハルの部隊には訓練用の飛行機があった。昭和一四年（一九三九年）にチチハルにほど近いノモンハンで起きた武力衝突で関東軍がソ連に敗北したため、軍備を強化していたからである。ノモンハン事件とは、満洲国とモンゴル人民共和国との間の国境線をめぐって起きた国際紛争であった。

チチハルでは、マイナス三〇度の世界での生活である。その寒さの中にあって、私には

忘れられないふたつの思い出がある。

訓練中は、その厳しさのために夕食を摂る時間がない。だから、あとで食べられるようにおにぎりにしておく。それを夜中に持っていき、人に見つからないように便所で食べる。零下三〇度の寒さで糞便は凍ってしまっているから、便所はまったく臭くはない。掃除をするときには、汲み取りではなく、スコップで掘り出して粉砕するくらいなのだ。

おにぎりを食べていると、毎日の軍隊生活が思い出されて、我知らず涙がこぼれてくる。涙を流しながらおにぎりを食べ、うんちをしているのだ。

夢と現実が一致しない軍隊の矛盾

軍隊生活では、いつも上官の身の回りの世話をしなければならない。そのほかに、部隊の訓練もある。自分のことをする余裕はまったくない。

自分の服の洗濯をする時間も取れない。兵舎に戻ると、まとめておいた洗濯物がバラバラに散らばっていて、金魚の絵が描いてある。洗濯物を拾い集めていると、上官に「一九年候補生、来い」と呼ばれる。

「なぜ金魚の絵が描いてあるかわかるか。洗濯をしていないから、水が欲しいといってい

チチハルの兵舎の中の様子。（昭和20年ごろ）

チチハルでの食事風景。唯一の楽しみの時間であった。（昭和20年ごろ）

るのだ」

　私は「わかりました」と答える。そんな嫌がらせは日常茶飯事だ。


　そして夜中になると、カツンカツンと当番兵の足音が聞こえてくる。兵舎の中に立て掛けてある銃の検査をしているのだ。銃身に弾のくずが詰まると、打つときに暴発してしまう。だから、訓練のあとには必ず掃除をしなければならない。当番兵は銃身をカチャンカチャンと確認をしていくのだが、掃除をしていない銃があるとガチャンと音がする。そうすると、やっと寝たばかりだというのに、その銃の持ち主がいる隊が叩き起こされる。そして、みなの前で「赤津っ！」と呼ばれるのだ。

　上官は目の前に銃についていたゴミを差し出して言う。

「ゴミがあるだろう。この銃は誰からもらったんだ」

「天皇陛下からいただきました」

「天皇陛下からいただいた兵器の手入れもしないでいいのか」

「よくありません」

「銃に向かって謝れ」

私は両手で目より上に銃を捧げ持ち、

「赤津候補生は、天皇陛下からいただいた銃の手入れを忘れました。現役はもちろんのこと予備後備に至るまで、決してこのようなことをいたしません。どうぞお許しください」

と言って、ずっと銃を目より上に掲げて持ち続ける。銃は重く、だんだん手が震えて下がってきてしまう。すると上官が、

「許してくれると言ったか」

「いいえ、言いません」

「天皇陛下からもらった銃をどうして胸の下に下げるんだ。もっと上げろ」

必死に銃を持ち上げても、じきに重さにどうしようもなく手が震えてしまう。すると上官がまた言う。

「許してくれると言ったか」

銃の重さに耐えきれずに、私は「言いました」と答えてしまう。とたんに上官は銃を取り上げ、「銃が物を言うか！」。バーンバーンと往復ビンタを食わせられる。

往復ビンタのところまで来なければ、決して寝かせてもらえないのだ。

便所でおにぎりを食べながら、これらのことを思い出す。そんなとき、「ゲーテは『涙を流しながらパンを食べた人でなければ、本当の人間はわからない』と言っていたっけなあ」などと、ふと思い出したりした。

飯を食う時間すら取れない。お腹がすいて、人に隠れて夜中に便所でおにぎりを食べている。一五歳の少年が憧れて入った軍隊生活とはこういうものだったのか。少年飛行兵として、華々しく闘って死ぬんだ。そう描いた自分の夢と現実が一致しない。自分はなんでこんなことをやっているんだろう。その矛盾が悲しくて、おにぎりを食べながら自然に涙となって出てくるのだ。

銃を捧げ持たせ、往復ビンタをする。軍隊では、この矛盾を平気で我慢できる忍耐力をつけているのだという。いざ戦争になったときに、我慢しきれない者が逃亡するというのだ。そういう意味があってやるのだと上官は言うが、本当にそうなのかは私にはわからない。それでも私は自殺しようなどとは思わなかった。そんな状況の中でも、なんとかして生き抜こうという気持ちがあったのだ。

「遊んで来い」の意味もわからなかった少年飛行兵

もうひとつ、チチハルでの思い出がある。

年が明けて、私は一六歳になっていた。ある日、休みの日に先輩から呼ばれた。そして、「遊んで来い」といってサックを渡されたのである。

私はなんのことかわからず、呆然としていた。するとそれを察した先輩が、「よし、今日連れて行ってやる。ついて来い」というのである。言われるがままに先輩について行き、チチハルの街に着くと、そういうお店があるのだ。公娼である。

軍国少年であった私は、それまで女性にさわったこともなかった。性交によって子どもが生まれるなんて、思ったこともなかった。子どもは神様が授けてくれるもの、と思っていたくらいなのだ。まったくそういう知識がなかった。

軍隊では、階級によってどの店に行くか決まっていた。兵士の行くところは、安い店だった。そこでは部屋の前に兵士が並んで待ち、やり手婆さんみたいな人がいて、「ハイ次、ハイ次よ」と流れ式でことをする。まるでトイレを待っているような状態なのだ。当時は日本も中国も公娼制度が存在し、日本人をはじめ中国人、朝鮮出身の多くの女性が働いていたのだ。

将校クラスになると、相手をするのは日本人である。満州系や朝鮮系の女性は現地採用で、日本人は日本から連れてこられた人たちだろうと思う。どういう経緯で連れてこられたのかは私は知らない。日本だって、昭和三〇年ごろまで公娼制度が存在したことを、今は知る人すら少ないだろう。

私は幹部候補生として行ったので、軍隊に入っただけで上等兵の扱いであった。訓練が終わると、半年から一年後には伍長になることが決まっていた。だから、日本人が相手をする店に連れて行かれた。部屋に入ると、女性に「はい、脱ぎなさい」と言われる。私はズボンを脱ぐこともできずに、そのうち体が震えてきた。

「あなた、初めて?」

と女性に聞かれ、私は怖くなって部屋から飛び出してしまった。私はそのとき一六歳で、サックの意味することすらわからなかった。サックは病気の予防のために「必ずするように」と言われるのだ。あとで、その女性が先輩に「あの子、なにも知らないで震えていた」と話して大笑いをしているのを陰で聞いてしまった。私は笑われたことで傷つき、その後は一度もそういう店に行かなかった。

戦争を経験してわかったことがある。都会はもちろん、チチハルのような都市から外れた場所ですら公娼や私娼があるということだ。

後のことになるが、日本で公娼制度が廃止になったのは、昭和三一年（一九五六）五月のことで私が大学院を卒業したころであった。吉原や新宿には青線や赤線といった場所があったが、実際に赤線がなくなったのはさらに二年後の昭和三三年（一九五八）のことである。当時は、結婚前の交際など考えられなかった。女性と関係しようと思えばそういった場所に行くしかなかったのだ。

男と女の世界があったら、必ずそういう部分があるのだということを私は知った。

その後、昭和四三年ごろには一般人の海外旅行が可能になり、業務や観光などで海外旅行をする機会に多く恵まれた。

平成二一年（二〇〇九年）四月三〇日、私はガスの仕事の関係で中国に行く機会を得た。慶応大学院の後輩である日本人の男性と中国人の女性が同行してくれた。その際に、私は戦争中に中国で経験した古い記憶を確かめるために、上海と南京を訪問した。

南京の飛行第四八戦隊へ

二月の半ばになって、本部から呼び出しがあり、転属命令が出た。「南京の飛行第四八戦隊に転属を命ずる」というのだ。飛行第四八戦隊は、隼飛行戦闘機を有する部隊として知られていた。

そのころ、満州（現在の東北三省）はまだ連合国軍と交戦状態ではなかった。満州から東南地区に転属するということは、最前線に行くことを意味する。「お前たちは、これでもう終わりだね」「本当に、お前たちは日本に帰れないね」と、私は同じ隊の人たちから盛んに言われた。

南京転属組は列車に乗ってチチハルを出発し、ハルビン、吉林《チーリン》、長春《チャンチュン》、瀋陽《シェンヤン》、錦州《チンチョウ》を経て天津に着いた。瀋陽は昔は奉天といい、日露戦争のときに乃木希典《まれすけ》大将がロシア軍に勝利した場所である。天津からさらに徐州《シューチョウ》を通って南京の手前の浦口《プーコウ》に出る。今は揚子江（現在名は長江）に何本も鉄橋が架かっているが、当時はそこまでしか列車は通っていなかった。そこから揚子江を船で渡るのである。

浦口で、「向こう側が南京だ」と言われたとき、昭和一二年（一九三七）一二月に南京陥落があり、提灯行列をしてお祝いをしたことを思い出した。そのころ私は、まだ小学三年生だった。

揚子江を眺めると、「これが本当に川なのか」と思う凄さである。あまりにも広くて向こう岸が見えないくらいなのだ。

揚子江を船で渡って南京の城内を通って、ようやく南京城外の太佼《タイコウ》の飛行場に到着した。昭和二〇年（一九四五）五月、第一期航空戦参加のため、土山鎮飛行場に転出する。六月一五日、第二期航空戦参加のため、中支泰県飛行場に移動した。この飛行場では、民間人の家を宿舎にした。

中国人の家での分宿

私たちは、一軒の農家に五～六人ずつ分かれて住むことになった。みな少年兵である。本来日本では成人してから入隊するため、軍人は二〇～二四歳くらいが多い。徴兵されてきた人たちは、三〇代前半である。一九歳より若い少年兵は、みな志願兵である。当時私は一六歳であり、それ以上若い人はいなかった。中国人の家に分宿することになったのは、みな一〇代後半の少年兵たちだった。そのことは中国人たちに安心感を与えたようだ。

中国人の農家に連れて行かれて、私は驚いた。父母の故郷である東北の親戚の家よりも、ずっと立派な家なのだ。家は大きいし、畑をたくさん持っている。「日本の東北の農家よりも豊かだな」というのが私の第一印象だった。母の実家である東北の農家では、土間の続きに馬や豚を飼っていた。しかし、中国では同じ屋根の下に家畜がいるなどということはなかった。調度品も立派で、食事も豊かだった。

満州にいたころは、「日本人も貧しいけれど、この国も貧しいな」と思っていた。ところが、列車で南京に移動するにしたがって、水田があり、畑にはたくさんの作物があり、緑がどんどん増えてゆく。一軒一軒の農家も大きくなるのである。「決して中国人は貧しくなどない」というのが私の実感であった。

門を入ると、家がコの字型に建っている。正面の母屋には主の一家が住み、左右の袖のような棟には主の兄弟の家族が住んでいる。それぞれに子供たちが二～三人あって、おじいさんやおばあさんも同居している。一四～一五人ほどにもなる大家族である。その建物

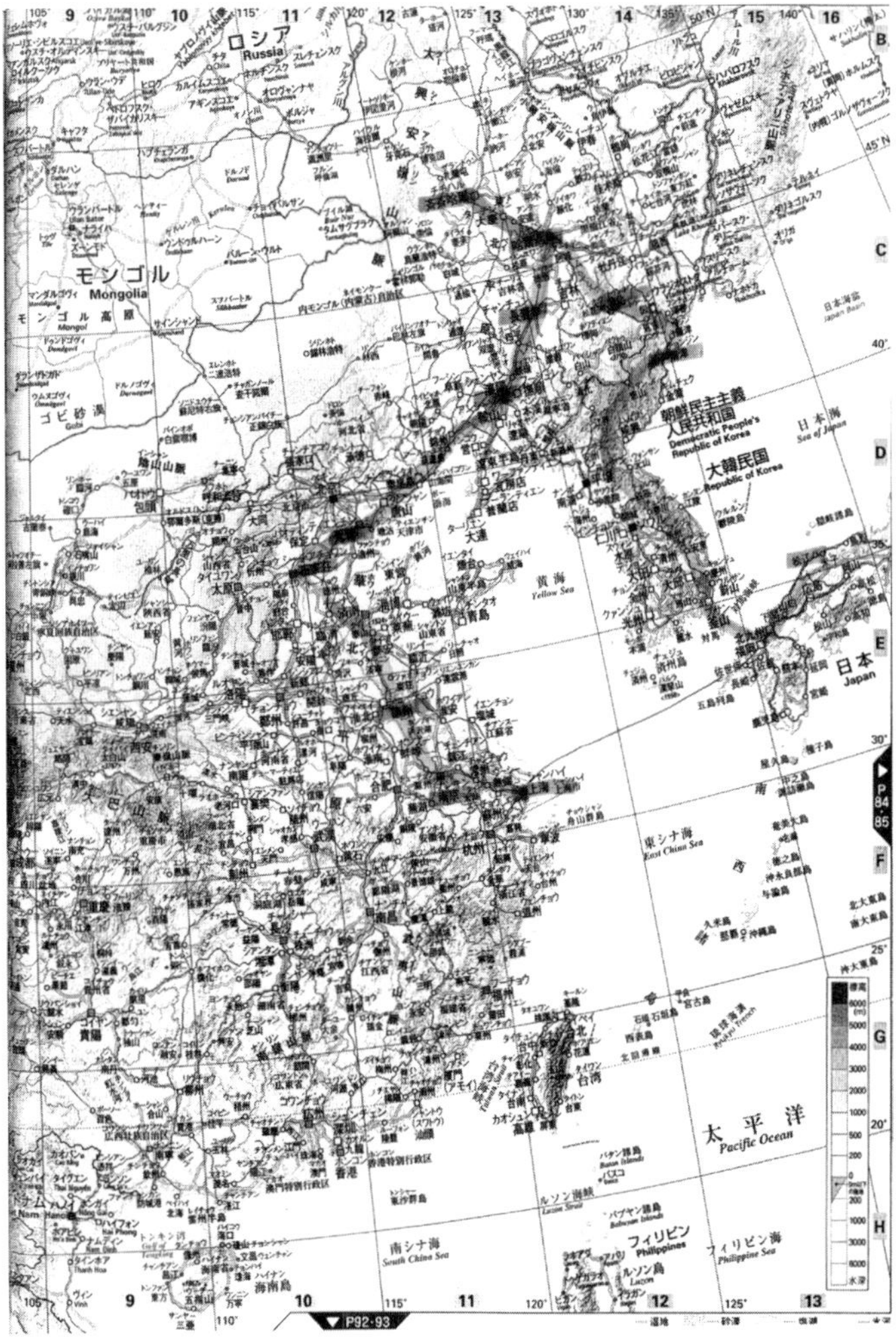

中国ではこれだけの距離（太線）を転戦した。15〜16歳の少年にとっては厳しい旅であった。（昭和19〜20年）

の袖部分をひと棟どいてもらって、私たち少年兵が入ったのである。

私たちはみな一〇代で志願してきた少年兵であったから、危機意識もそれほどなく、心根もまっすぐなものが多かったと思う。中国人たちとも、しごく平穏に同居していた。

朝になると、ご挨拶もきちんとする。こちらが「おはよう」と声をかければ、中国人も「こんにちは、飯を食べましたか?」と尋ねてくれる。私は、「めしめし(飯飯)、ワンラー(終了)」と答える。日本語がわかる人がかなりいたので、日本語と中国語を交え、見ぶり手ぶりで会話が成立していたのだ。

一緒に暮らしていると、しばしば中国人の夫婦喧嘩が始まる。「仲がいいな」と思っていると、突然すごい剣幕で怒りだすのだ。その言い争いがすごいのである。日本では夫婦喧嘩は他人に聞こえないように内緒でやるものだが、中国では家中を駆け回って、自分の主張が正しいと言い倒すのである。

特に女性がすごかった。私たち少年兵のところにまで来て、「あたしが正しいんだよ」とわめきたてて訴えるのだ。「中国人はよく喧嘩するな」と驚きながら思ったものである。

そのような日常であったから、私には同居していた家族に冷たくされたとか嫌がられたなどという印象はまったくなかった。

親日政府の下、農民たちの密かな中国共産党集会

農民たちは暮らしが豊かなばかりではなく、意識レベルも高かった。あるとき、家のものが「毛沢東」と紙に書いて私に見せ、「この人を知っているか」と聞くのである。そのころの私は、毛沢東も共産主義も知らなかった。単なる軍国少年だというだけで、広い知識を持たなかったのである。だから、「なんの話だろう」と思いながら聞いているだけであった。

しかし、改めて注意してみると、農民たちは毎週集会に出かけてゆく。みなで集まって勉強会をしているのだ。

当時、南京では国民党の政府が成立していた。日本軍の庇護のもとにある傀儡《かいらい》政権である。国民政府が成立した際の主席は、汪兆銘《おうちょうめい》（号は精衛《せいえい》）であった。汪兆銘は、孫文の信頼を得て革命党で活動し、孫文の死後は国民党の主流メンバーになっていた。もともと汪兆銘は清朝の官費生として日本に留学していたこともあり、心情的に日本に近いものがあ

った。やがて、昭和一五年（一九四〇年）、日本軍の庇護のもとで南京国民政府を設立し、主席に就任したのである。

ところが昭和一九年（一九四四年）、汪兆銘は以前狙撃された傷が悪化して渡日し、そのまま一一月に名古屋大学病院で客死してしまう。だから、私が南京に入ったときには彼はすでに亡き人物であったが、国民党による南京政府はまだ続いていた。

そのような親日政府ができている状況の中で、農民たちは密かに中国共産党の集会を持っていたのである。私はそのことに驚いた。しかも、私は彼らから、それまでの中国の闘争と戦争について聞かされたのである。

中国人から聞いた南京大虐殺

とりわけ記憶に残っているのは、農家の人から聞いた南京事件の話である。

現代を生きる人々には、当時の中国をめぐる情勢はわかりにくい内容かもしれない。ここでそのあたりのことを大づかみに説明しておきたい。

昭和七年（一九三二年）三月、中国東北部で満州国が建国された。満州国の建国は、「満蒙は日本の生命線」ととらえた日本の中国戦略のひとつであり、日本軍による傀儡政権であった。

これに先立ち、満州国建国の動きを不審に思った国際連盟は、実情を把握すべく現地調査のためにリットン調査団を派遣した。日本軍としては、リットン調査団が奉天に到着する前に、世界の注意をそらしながら満州国を建国しなければならない。そのため昭和七年一月、日本軍の陸戦隊と中国軍が上海で激しい市街戦を繰り広げた。上海事変である。

昭和一二年（一九三七年）八月、かねてから揚子江以南の沿岸地域を自らの勢力範囲をみなしていた海軍と陸軍による特別陸戦隊が上海の共同租界内に入った。その翌日、中国の便衣《べんい》隊が日本軍の陸戦隊に発砲したのをきっかけに激しい市街戦が始まった。これが第二次上海事変と呼ばれる紛争である。

さらに日本軍は揚子江沿いに進軍を続け、一二月一日には六個師団二〇万の日本軍が南京城内を包囲した。すると一二月七日に、中国軍を率いていた蒋介石は味方の九万の軍隊を見殺しにして飛行機で南京から脱出してしまった。続いて主戦隊も退却し始めた。一〇日になって、日本軍は総攻撃をかけるが、すでに将を失っていた中国軍はさしたる抵抗もせず、日本軍はたいした苦戦もなしに南京を占領した。そしてこの後、日本軍が南京城内に入ってから二ヵ月ほどの間に、兵隊のみならず一般市民におよぶ南京大虐殺が行われたといわれている。

私が農家の人々から聞いたのは、このころの話である。彼らは、「七〜八年前に、南京に日本の軍隊が入ってきて、たくさんの人が殺されました」という。私は子どものころに「南京陥落」と大人たちが言って、一緒に提灯行列に参加したくらいの知識しかなかった。「そんなことがあったのか」と思いながら、話を聞いていた。

彼らの話はこうである。

中国の農村では、お金のために志願して軍隊に入る者がほとんどである。もともと農民や商人だった彼らは「便衣隊」と呼ばれ、主にゲリラ戦を行う。中国の主戦隊が蒋介石とともに逃げてしまったあと、置き去りにされた便衣隊は、軍服を脱いで城内の一般市民になりすましていたのである。しかし、もともとゲリラ戦を行う戦闘員である。日本軍はそれを知って城内に彼らを放置しているのは危険であるという判断から、あぶりだしにかかった。一般市民の家に行き、ひとりひとりの頭の軍帽の痕と掌を見るのである。そして、軍帽の痕や手に銃ダコがあるものは、もと便衣隊とみなされて連れて行かれ、捕虜にされ、一部は銃殺されたという。

逃げ遅れた蒋介石軍の便衣隊をあぶり出した結果の数万の犠牲者が真相か

現在でも南京大虐殺といって、日本兵が一般市民を無差別に殺害したようにいわれることもあるようだ。しかし、私は被害者側であるはずの南京に住む中国人からそのような話は聞かなかった。むしろ、彼らは市民や軍隊を置き去りにして逃げてしまった蒋介石を恨んでいたように思う。蒋介石は、上海から追われてきた軍隊と一緒になって、南京を死守するはずだった。ところが、その親分が敗走する一〇数万の軍隊を置き去りにして、専用機で武漢に逃げていったのである。住民からすれば、軍隊は自分たちを守ってくれなかったという恨みがあるのだ。

そのあと、上海から日本軍に追われた軍隊が南京城内に入ってくる。逃げ遅れた兵隊は、市民の中に紛れ込む。この便衣隊は、南京市民にとっても、いつ襲われるかわからない怖いものだった。いつどこでゲリラ戦を繰り広げるかわからない。むしろ、彼らは日本軍はその兵隊を探し出してくれたということであって、住民感情を逆なでするものではなかったのではないか。

なかには誤って殺されてしまった一般市民もないとはいえないだろう。しかし私は、南京大虐殺は女子どもを三〇万人も殺したというより、脱走兵だけを探し出すものであったと考えるほうが自然だと思う。重慶に脱出した蒋介石の軍隊の逃げ遅れた兵隊をあぶり出したのだ。その結果、数万人の犠牲者が出たというのが真相ではないか。

時の流れというものがある。南京事件は昭和一二年（一九三七年）であり、その三年後の昭和一五年（一九四〇年）には傀儡政権とはいえ、親日の南京政府が生まれているのである。私が中国人の家に滞在したのはさらに五年後であり、南京事件からはすでに八年もたっているのだ。


人間の感情というのは、簡単なものだ。日本の国民にしても、戦争中はみなが「鬼畜米英」だの「ルーズベルトのベルトが切れて、チャーチルチルチル花が咲く」などと言っていたのに、戦争が終わってたった一年で、日米が仲良くなって子どもたちはアメリカ軍からキャンディーをもらうようになるのだ。人間というのは、そのくらい変わるものなのだ。

私が中国人の農家の人たちから南京事件の話を聞いていたときも、話す中国人も私に敵愾心を持っておらず、わたしも真面目に彼らの話を聞いていた。双方の間はそういう雰囲気だった。中国側がいう南京大虐殺などはありえないと私は思う。直接中国人と接した私はそう思っている。

やがて農家に分宿してから二ヵ月ほどたつと、飛行場に建設していた兵舎ができあがったので、私たちはそこに移ることになった。

第六章　染みつき、生き方の根底となった戦争体験

1、人生の生活を一変させる戦争の罪

P51機の襲来で負傷、戦友も死んだ

南京から揚子江をさかのぼったところに武昌《ウーチャン》という街がある。そこから揚子江を挟んだ反対側には、河北省の省都である武漢《ウーハン》がある。

武昌の飛行場の滑走路で、帰ってきた飛行機の格納を手伝っていたときのことだ。その飛行機を、敵の戦闘機が追いかけてきたのだ。突然P51戦闘機が上空に現れて、機関銃で私たちを狙い撃ちし始めた。P51はニックネームを「ムスタング」といい、第二次世界大戦の後半に登場した航空機である。もともとイギリス空軍の要請で米ノースアメリカン社が製造したものだが、燃料搭載量が多いために遠距離飛行が可能で、機動性に富んだ高性能機であった。私たちにとっては、とても手ごわい相手だった。

そのP51が何機も同時に狙ってくるのだ。みな走って逃げまわったが、だだっ広い飛行場だから隠れるところがない。

敵機は、常に編隊を組んでくる。一機で飛ぶということはない。数十機ほどが一斉にや

ってきて、低空飛行をして狙い、上空を旋回して繰り返し狙ってくる。私たちはなすすべもなかった。

当時の日本の飛行機は、今のようにスイッチオンで飛べるものではなかった。プロペラを回すための専用の自動車が必要で、その機動力でプロペラを回転させるのである。その自動車を見つけた私は、自動車めがけて走り、すばやく車の下に潜り込んで隠れた。機関銃の弾は、ババババッと地面を叩きつけるように打ちこまれてくる。激しく破片が飛び散る。その破片で、私の右足は数ヵ所裂傷した。

傷は一ヵ月ほども治らなかった。後遺症で今でも私は右足を少し引きずっており、冬などはしばしば傷が痛む。

そのときの攻撃で、何人もの兵士が死んだ。広々とした飛行場の滑走路にあって、上から敵機で狙われたとき、足がすくんで動けなくなってしまう人たちがいるのだ。特に年若い少年兵たちは、怖さに動けず逃げ遅れてしまう。そうやって何人かの戦友が死んだ。

最前線で戦死するために集められた隼の新飛行部隊

私たちが配属された飛行第四八戦隊が乗っていたのは、「隼」という名の戦闘機であった。海軍の戦闘機としては「零戦」がよく知られているが、陸軍の主力戦闘機は一式《いっしき》戦闘機、通称「隼」だったのである。

この戦闘機は、皇紀二六〇一年（昭和一六年・一九四一年）に正式採用されたため、「〇一年」から名前を採って「一式戦闘機」と名づけられた。しかし、陸軍では従来戦闘機に「荒鷲」などと猛禽類の愛称をつける習わしがあり、一式戦も「隼」という愛称で呼ばれていた。隼戦闘機は、機体重量が軽いために加速性能にすぐれ、終戦を迎えるまで陸軍の主流戦闘機として活躍していた。ちなみに、隼が正式採用される前年、皇紀二六〇〇年（昭和一五年・一九四〇年）に採用された海軍の戦闘機は「零式戦闘機」、通称「零戦」である。

第二次世界大戦中、航空機を使用する戦闘は、太平洋上など海上が多かった。そのため、海軍は多くの戦闘機を所有していた。それに対し、中国大陸での戦力の中心は歩兵部隊である。その中にあって、隼飛行第四八戦隊は有名な存在だった。

私たちは隼飛行部隊にいることを誇りに思っていた。なぜなら、飛行機乗りは常に死と隣り合わせだからである。「今日は二〇機飛ぶ」といって見送ったとき、二〇機がすべてが生還することは少ないのだ。

そうやって南京の隼飛行戦隊の多くが戦死してしまったため、中国のあちこちの部隊から人がかき集められて新しく再編成することになった。昭和二〇年（一九四五年）二月中旬のことで、私がチチハルから呼ばれたのもこのときである。新隼飛行第四八戦隊として編成された兵士の人数は、総勢九三名だった。まさに、最前線で戦死するために集められた新部隊であった。

南京の隼戦闘機は、三〇機ほどあった。胴体に陸軍のマークである星型が描かれた星型空冷一二気筒の戦闘機である。しかし、飛べる航空機が三〇機しかなくては、私たち一九年に入隊したような少年兵が飛ぶ練習をする充分な余裕はとてもなかった。ほんのちょっと訓練した程度で、整備にまわるのがせいぜいだった。この限られた飛行機は、私たちにとっては生死を共にする大事なものだったのである。

ソ連軍と対戦すべく満州に向かう矢先に告げられた終戦

三月一〇日夜、本土ではアメリカ軍が東京市街めがけて攻撃を行っていた。東京大空襲である。これによる一般市民の死者は八万人以上、重軽症者一一万人以上、罹災者約百万人にも上る空前の大爆撃であった。

さらに、三月二六日に沖縄・慶良間に上陸したアメリカ軍による攻撃によって始まった沖縄戦は、六月末に日本軍は全滅、一五万人以上もの住民が死亡するという惨劇になってしまった。

六月になって、戦局はいよいよ悪化していった。日本軍の戦争の遂行能力はほぼ完全に破壊されて、もはや戦争を続けることは難しくなってきた。

当時、南京から上海までは列車で八時間、車なら三日くらいかかった。隼の運搬を兼ねて操縦していくものもある。私は車の荷台に乗っていった。途中、奈良時代に唐招提寺を創建した鑑真和尚がいた揚州《ヤンチョウ》の大明寺に立ち寄ったりした。

上海の大場鎮飛行場に集められた私たちは、部隊を再編成し整えていた。

やがて八月六日、本土では広島に原子爆弾が投下され、広島市民二五万人の命が一瞬のうちに消えた。八日にはソ連が日本に対して宣戦を布告し、そのたった数十分後の翌九日、ソ連軍は満州に雪崩をうって攻撃を開始した。

私たち上海の隼飛行第四八戦隊は、満州に侵攻してきたソ連軍と対戦するべく急遽、満州に向かう準備を始めた。その矢先の八月一五日に、天皇がポツダム宣言を受諾して終戦を告げたのである。

紙一重の運命の奇跡

私は二度、不思議な運命の奇跡によって命を救われた。

はじめは、二月中旬にチチハルから南京に転属させられたことである。そのとき、まだ満州はそれほど戦闘が激しくなく、満州からみれば南京は最前線という印象だった。残る人々からは、「もう命はないね」と気の毒がられつつ送り出されたのである。

ところが、八月になって友好国だと思っていたソ連が満州に攻撃してきた。それは、有効期間一年を残す日ソ中立条約に望みをかけて、中ソ大使がソ連を仲介して和平交渉を行おうと画策していた矢先の出来事だった。八月九日、満州との国境に集結していたソ連軍は、日本軍に対して一斉に攻撃し始めた。

終戦後になって伝え聞くところによると、そのときチチハルにいた部隊は、突然進軍してきたソ連軍と交戦の末、四散したようである。多くの人が死に、山中に逃げ込んでからくも生き残った人たちもソ連軍に投降してシベリアに抑留されたと聞く。

私が南京に移るとき名残を惜しんでくれた人たちは、ほとんど死んでしまったに違いない。もしあのとき、私もチチハルに残っていたら、交戦して死んだか、抑留されてシベリアに行っていたことだろう。


もういちどの運命の奇跡は、八月一五日に終戦を迎えたことである。

私たち隼飛行第四八戦隊は、張家口付近を南下してくるソ連機甲部隊を攻略するために北京転進の命令を受け、八月一三日に出陣の予定でいたが、悪天候のため出発できず、終戦を迎えたのである。もし終戦があと一ヵ月遅い九月一五日であったなら、私たちは満州の関東軍と合流し、玉砕していただろう。そうなれば、現在の私はなかった。満州に向かう前に終戦を迎えたために、隼飛行第四八戦隊九三名は全員生き残って日本に引き揚げることとなったのだ。

なにが幸いするか、運命とはわからないものだ。本当に軍人らしい、正義感の塊のような人もまわりにはたくさんいた。しかし、そのような人たちは真っ先に死んでいった。結果的には、運の強いものが生き残ったのである。

もし、あと半年戦争が終わるのが早かったら

あと一ヵ月遅かったなら、私の命はなかった……。

私は、そのことから逆にこう考える。「もし、あと半年戦争が終わるのが早かったなら」と。

兵士たちは、みな天皇のために戦争に行くのだと思っている。国民のためというのは第二である。その天皇が八月一五日に終戦詔書を下したため、戦争が終わったのだ。陸軍によって抑えられて身動きがとれなかったという説もある。しかし、最後にはポツダム宣言を受託して戦争を終わらせることができたのだ。それならなぜ、半年前に終戦させられなかったのか。

もし、二月に戦争が終結していたら、三月一〇日の東京大空襲はなかった。三月二六日から始まった悲惨な沖縄戦も起きなかっただろう。八月六日に広島に、次いで九日に長崎

に原爆が投下されることもなかった。九日のソ連軍の侵攻のために満州に数千人もの孤児が取り残されることもなかった。サイパンやグアムなど太平洋戦で多くの人が死ぬこともなかっただろう。

七月一七日から、ドイツのポツダムで米英ソ首脳による戦争終結のための会談が開かれ、途中ソ連首相が抜けるが、同二六日には米英中三国による日本に無条件降伏を迫るポツダム宣言が発表された。ところが日本は、そういう世界的な流れの中で、あくまでも有利な条件で戦争を終結させたいと考えていた。誰が見ても、もう完全な負けであることはわかっているのにである。

ドイツのヒトラー政権が崩壊したときには、ソ連は日本を攻撃することが連合国のうちで密約されていたのもかかわらず、六月三日から広田前駐ソ連大使とマリク中日ソ連大使との間で、和平交渉が開始されていた。そんなことをしている間に、六月二三日には沖縄戦は全滅という形で終わりを迎え、一般市民を含めた多くの人が死んでしまったのだ。

せめてポツダム宣言をすぐに受託していたなら。天皇が裁断を下せば終結できたのに、そう思われてならない。最後に決断したのは、広島長崎に原爆が投下され何十万人もの人が死んで、もうこれ以上戦うのは難しいと悟ったからではないか。

状況が行きつくところまで酷くなってからはじめて悟るなどというのは、誰にだってできることだ。大将だったら、そこまで状況が悪くなる前に将来どうなるか予測して、いち早く判断するべきではないか。それがいちばん上に立つリーダーの仕事ではないか。

後のことになるが、この経験は私が会社を引き継ぎ、社長として事業を広げていくにあたって、ものごとを判断する基本的な考えとなっていったのである。

ポツダム会談の場所を訪れて

私は戦後、仕事が軌道に乗り始めた昭和五〇年ごろから、仕事などでヨーロッパに行く際にたびたびポツダムに立ち寄っている。ポツダム会談が行われた部屋も何度か見学した。

会場には、入口が三ヵ所ある。まずはじめにアメリカ大統領がひとつのドアから入り、そののちそれぞれ別のドアから各国首相が入ってきて、テーブルに着く。アメリカ大統領のルーズベルトは四月一二日に脳出血で死亡していたから、ポツダム会談は、最初は米トルーマン、英チャーチル、ソ連スターリンによって開始された。会談の途中でイギリス代表はアトリーに代わり、ソ連が抜け、最終的には、米英と中国の蔣介石の三人でポツダム宣言が発せられたのだ。

私はポツダム会談が行われた部屋にたたずみ、そのことに思いを馳せる。私は過去の歴史をきちんと知りたい。そして、そのあとの社会の変化を知りたい。聞くのと見るのではまったく違う。その場に立ち、見て初めてわかるということがあるのだ。

ポツダムに行くときには、ドレスデンにも立ち寄る。ドイツのドレスデンは、日本でいえば京都のような街である。平和で文化的な古都であり、軍事産業などはなにもない。二月一三日、その美しい都ドレスデンに対して、連合軍は無差別攻撃をしたのである。もうドイツは負けるとわかっていたのに。そうして、由緒ある建物のすべてが灰燼に帰してしまった。勝敗が決まってから日本に原爆を落としたのと同じような行為だった。

ところが、戦争が終わったのちにドレスデンを訪れた私は驚いた。ドイツ人たちは、ドレスデンを戦争前の姿にすっかり戻してしまったのだ。塀も建物も、古くからのたたずまいのままにである。ちょうど私が訪れたときは、復興の最後の仕上げという、教会の尖塔の上に大きな鐘を吊るし上げる作業をしているところだった。

アドルフ・ヒトラーという狂人に指揮されたドイツは、アウシュビッツで数百万人のユダヤ人を殺した。ドイツは憎むべき存在ではあるが、戦後ドイツの果たした役割、特に文化に対する考え方は大変評価されると思う。

ドレスデンの復興を見たとき、私はドイツ人の文化に対する考え方を見たような気がしたのである。

2、戦争を体験して得たもの

捕虜となって苦力《クーリー》をする

終戦のころの話に戻ろう。上海で満州への移動準備をしていた私たち隼飛行第四八戦隊は、八月一五日の突然の玉音放送によって終戦を迎えた。

九月になって、重慶《チョンチン》から国民党の航空部隊がやってきた。おそらくそのころから中国では国民党と共産党の闘争が始まったのだろう。早く来たほうが、日本軍の武器を抑えられる。日本軍の飛行機や武器は双方にとって取り合いだったのだろう。満州では、おそらく毛沢東の共産党軍が日本軍の兵器を摂取した。上海の兵器は国民党軍が早く抑えたのである。

兵士の間の噂では、蔣介石と支那派遣軍総司令官の岡村寧次《やすじ》陸軍大将との間で極秘裏に交渉が行われた。その結果、双方の間で「武器は全部提供する。その代わり、兵士は全員日本に帰す」という話し合いがなされたという。

私たちは全員、逃げることも隠れることもできずに、捕虜収容所に入れられた。収容所のまわりには、高い金網があって脱走できないようになっていた。

それから三ヵ月ほどは、飛行機の整備や訓練の必要から、私たちの待遇は悪くなかった。しかし、戦利品の引き渡しがすっかり終わると、私たちは、荷役として引きずり出され、さまざまな苦力《クーリー》をさせられるようになった。いちばん多かったのは、船の荷運びである。八〇キロの砂糖の袋を担いで、桟橋と船の往復をさせられるのだ。一六歳で自分の体重が五〇キロほどしかないときに、八〇キロの荷物を背負い、グラグラ揺れる桟橋を渡る。荷はからだにずっしり重くのしかかり、次第に足がびりびりと震えてくる。しかしそれは、戦争中に私たちが中国人にやらせていた仕事だったのだ。

ようやく荷運びが終わり、捕虜収容所に戻ってきて、食事の時間になってもあまりたくさんの食べ物はくれなかった。お腹がすいてたまらない。仕方なく、夜中に金網越しに中国人と、自分の持ち物と食べ物を交換するようになった。中国人はお米ではなく、南京豆をくれる。「軍隊から支給された毛布はいい毛布だから、もっと南京豆をよこせ」などと交渉しながら物々交換をするのだ。

その南京豆を夜中に食べ、水を飲む。するとお腹が膨らんで苦しくなってくる。どんどんお腹が張ってきて、寝られないくらい苦しい。吐こうとしても吐けない。それなのに、翌日にはお腹がすいてすいて、どうしても食べたくなってしまう。各個人に軍隊から支給された衣服がある。それを順番に提供するのだ。そしてまた夜中に持ち物と南京豆を交換して食べ、お腹が苦しくなる。この繰り返しだった。毛布がないのに、次第に季節は冬に向かい、寒くなってくる。つくづく捕虜は悲しいと思った。

夜になると、「お前、まだなにか持っているか」「今日はお前の毛布を出せ」「昨日はこれだけ豆をもらったから、今日はもっとよこせと交渉しろ」などとみなで相談が始まる。すると面白いもので、交渉のうまい人というのがいて、次第にその人が代表格となって任されるようになり、しかもどんどんうまくなっていくのである。もともと上海は日本語が通じる街ではあるが、中国語と日本語を交えて上手に話をまとめてしまうのだ。

アメリカでの隼との再会

戦後のことになるが、私が事業を始めてから、あるきっかけでアメリカのシアトルを訪れたことがある。シアトルには有名な飛行機製造のボーイング社があり、そこに世界中の飛行機の博物館があるという。聞けば日本の飛行機も置いてあるというので、昔飛行機にあこがれていたものとしてはいささか興味があり、見に行ってみた。

ちょっと寄り道する程度の気持ちだったから、パスポートとわずか二〇ドルほどのお金しか持っていなかった。

博物館に入ると、「第何十代アメリカ大統領が使用したエアバス」などと札の付いた世界中の飛行機がずらっと展示してある。ゆっくり眺めつつ歩いていると、突然、私の目にその飛行機の姿が飛び込んできたのだ。なんと、あの隼が展示されていたのだ。忘れもしない星型空冷一二気筒の雄姿！　カードに「第二次世界大戦中に大活躍した日本軍の隼という飛行機」と書いてある。

私は意外な再会に驚き、懐かしさに駆け寄って機体を撫でさすった。昔愛した人に久しぶりに出会ったかのような、懐かしい気持ちでいっぱいだった。この航空機に乗って戦闘をし、また特攻隊として死んでいった人たちがたくさんいるのだ。戦時中のさまざまな想いが蘇ってきた瞬間だった。

不安の中での帰還命令

やがて、一月の終わりになって帰還命令が出た。しかし、それで本当に帰還できるのかはわからなかった。捕虜としてどこかに移動させられるのかもしれない。兵士たちは、不安と期待の入り混ざった状態で幾日かを過ごした。日本軍と蔣介石との間で、「本隊は日本に帰す」という話がついていたと知ったのは、ずいぶんあとになってからであった。

最終的に日本に帰れるとわかったのは、帰還の一週間前だった。上海市役所前の広場に全員整列して話を聞き、全員帰れるとわかって心からほっとした。うれしかった。帰国当日はみな頭からDDTという白い虱取りの薬をかけられて、アメリカ軍のLSD（ランディング・シップ・ドック）に乗り込んだ。

LSDは、ドック式揚陸艦といい、艦内に小型の揚陸艇を多数搭載できる大型の輸送船だ。それに私たち飛行部隊を含む日本軍の引き揚げ者五〇〇人ほどが乗り込み、佐世保港に帰ってきたのである。佐世保港に近づくと緑濃い松が迎えてくれ、やっと祖国の土を踏めることに喜び、深い想いとなった。

考えてみれば、一五歳の夏に中国に渡ってから、たった一年半しかたっていないのである。しかし、私にとっては一〇年もいたような気がする長い長い一年半だった。

清津から中国に入り、吉林を経て、満州国のチチハルへ。現在、チチハルは黒竜江省であり、内モンゴル自治区との境にある。そこは本当に寒くて、隊列を組んで歩いていると、自分の吐く息がかかってまつ毛がチャラチャラと音を立てて凍り、目が開かなくなってしまう。兵舎内の湯に入り、自分の宿舎に戻るほんの五分くらいの間に、手拭いがカチンカチンに凍り、バキッと半分に折れてしまう。そんな寒いところでも、商店街の人や子どもたちは平気で生活していた。人間はすごいものだなあと思った。

また、浦口《ホコウ》から眺めた揚子江の海のような広さ。死体が浮き沈みしながら流れてくる。それが戦争による死骸なのか、内戦による死骸なのか、貧しい人の死骸なのかはわからない。しかし、人の死体が普通に流れてくるところに、この国の大きさと重さを感じたものだった。

私が入った軍隊というところは、人を理由なく服従させるところだった。軍隊に入って知ったことは、社会には理由がなくても認めなければならないことがあるということだ。人生には、理不尽なことがたくさんある。だからといっていちいち放棄しては、生きていくことができない。私は、自分の体験をもってそのことを知った。

私は軍隊生活を否定する。軍隊は茶番劇だと感じ、つねに空しい気持ちばかりがあった。誰とも仲良くする気持ちにはなれなかった。戦後になってもそのころのことは忘れたいという思いが強く、これまであまり思い出すこともなかった。

しかし、一五歳から一六歳にかけてという多感な時期に、私が生きて、自分で歩いて見たもの、戦争によって怪我をしたけれども生きて帰ってきたことは紛れもない事実なのだ。私が一年半で受けた生き方を私は否定するにもかかわらず、戦争の体験は私の体の中に染み付いてしまっている。

そして、そのことはその後の私の六〇年間の生き方の根底になったといえるだろう。戦後、私が父の事業を引き継ぎ、これまで我慢強く粘り強く事業を展開してこられたのは、あのころの一年半があったからだと思われてならない。当時のことを歌で詠むと以下のことになろうか。

憂きことの　なほこの上に　つもれかし
限りある身の　力ためさん

「かつ坊」と叫んで涙をこぼした母

私たちが乗ったＬＳＤは、やがて佐世保港に到着した。東京までの東海道線の切符をもらい、いくばくかのこづかいをもらって、解散である。それが軍隊生活を送ったものへの給金なのであった。

日本の国内のあちこちは空襲でやられ、電車はとぎれとぎれだった。ただ、帰国軍人なので電車は優先的に乗せてくれる。鈍行列車を乗り継いで東京駅に着き、自分の家のあった場所にやっとの思いでたどり着くと、そこは一面の焼け野原だった。まったくなにもなくなっていた。表札も、どこに移転していますという立て看板すらなかった。

私の両親はふたりとも福島の出である。きっと勿来に帰っているに違いないと思って訪ねていくと、やはり両親と弟妹は福島の植田というところにいた。家財を売り払って東京に出て二〇年、実家そのものはなかったから、植田に小さな家を借りて住んでいたのである。やっとの思いで練炭事業を立ち上げて、これからだというときに全財産を失い、生まれ故郷の福島に着のみ着のままで帰郷した父の思いはいかばかりかと考えると、私の身勝手な行動が悔やまれる。

私は軍服を着て、足にゲートルを巻いた姿で、家の前に立った。突然帰って来た私に、母は驚き、「かつ坊」と叫んで涙をこぼした。航空兵として中国に行っていたから、まったくの音信不通だったのである。いつ帰るという連絡もできないままの帰宅であった。

長兄と次兄と私は、三人とも外地に行っていた。長兄はまだ行方が知れなかったが、次兄はすでに帰宅していた。次兄は太平洋戦争の末期に、敵の本土上陸に備えるために中国大陸より転属し、米軍の日本本土上陸に備えて四国の高知で終戦を迎えたのだ。だから、次兄がいちばん早く帰宅していたのである。

軍服のまま旧制中学四年に復学

ようやく実家に辿りついたばかりのころ、母は「これからどうするの、かつ坊?」と聞いた。私は即座に「もう一度、学校に行きたい」と答えた。父は黙っていた。敗戦してまだ半年、金もなければなにもない状態だった。みな生きるのに精いっぱいで、学校どころではないというのが、そのころの我が家の状態だったのである。

しかし、母は私が「学校へ行く」と言うと、すぐに支度を整え始めてくれた。わたしはさっそく上京し、攻玉社に行って復学できるかどうか尋ねた。

学校の木造校舎は、空襲で焼けおちていた。しかし、鉄筋造りの部分はかろうじて焼け残っていた。そこを修理して学生たちが入っていた。

出兵する前からいた教頭先生が、生き延びて学校におられた。そして私に「よく戻ってきたな。君は三年で戦争に行ったんだったね。じゃ、四年生に入ろうね」と言うのである。

旧制中学は、私が在学していたころは五年制であったが、のちに四年制に改められていた。私の入隊は三年生の夏で、帰ってきたのは翌々年の二月である。本来なら、二年遅れでもう一度三年生をすべきところを、一年飛ばしてくれたのだ。教頭先生はすぐに手続きしてくれた。終戦後のことであり、それほどうるさい時代ではなかった。

そうして、私は四月から四年生として攻玉社に復学することとなった。ほかに着る服がないので、軍人の格好のままで登校した。軍隊にいたから、もう煙草を吸っている。みな恐れて私に近づかない。先生もなにも言わない。私はもう普通の一六歳ではなくなっていたのだ。

攻玉社の名前は、「艱難汝を玉にす」に由来している。「攻める」は「磨く」という意味なのである。もともと攻玉社は軍人の予備校のような学校だった。校長はもと海軍少将だとか、先生にも軍人だった人が多かった。

しかし、戦後世の中では完全に軍関係のものは否定された。戦争が終わって、アメリカのマッカーサーによってそれまでのすべてが否定されて、反動的なものが生まれていた。共産党も復活していた。世の中すべてがそのようなムードだった。その中にあって、攻玉社という学校そのものが否定されてしまっていた。

学校全体が停滞した雰囲気になっていた。その後は盛り返して今はすっかり進学校になっているけれども、当時はすっかりすたれた学校であった。

慶応義塾大学で中国共産党史を研究

やがて、福島にいた家族も東京に戻ってきた。戦前、蒲田で練炭工場をしていたころ、池上線の雪が谷にあった住宅を貸していたのだが、その家を返してもらい、そこに一家が住むようになった。私もそこから学校に通っていた。

翌昭和二二年（一九四七年）に学制改革があり、旧制中学は廃止され、新制高校となった。私は攻玉社を卒業し、慶応義塾大学法学部に入学した。

ところが大学二年のときに、結核に罹《かか》ってしまった。その前にも、中国から引き揚げてきて福島の実家に帰ったばかりのころにマラリアに罹っていた。大変な高熱で苦しんでいると、どこからか母がマラリアの薬であるキニーネを探してきてくれた。

大学に入ってから罹った結核では、昭和医専で治療を受けながら、半年もの間学校を休んで自宅療養をすることになってしまった。そのころの結核は死亡率の高い病である。家族は恐れて誰も近寄らなくなってしまった。しかし、幸いなことに三ヵ月ほどすると結核によく効く薬が開発されて、それを飲んで治すことができた。

一五歳から一六歳にかけてまだ充分体ができあがっていないときに、ろくな栄養も摂れずに過酷な軍隊生活をしていたことが、病気となって現れたのだろう。

しかし、子供の時代に戦争を経験し、軍隊で苦労し、たびたび病に倒れたけれども、その後の事業を展開するなかで強靭に生き延び、現在八〇歳になっても仕事をし続けていられるのは、小学校から中学にかけていつ死ぬか、明日生きていられるかという積み重ねの中で生きてきたからではなかったかと思う。私たちの世代は「生きる」ことに対して、使命感を持っている。私たちのまわりには、不幸な死に方をした人たちがたくさんいる。そういう環境の中で、生かされてきた。だから、生きることに対して強い意志があるのだ。

とはいえ、大学生のころの私は、戦争の反動で病気にもなり、気持ちのうえでも自分の道を見つけられず不真面目になっていた。結核が治ってからも、まじめに学校に行く気にはなれなかった。軍隊にいたために同じ学年の人より、一年遅れているということもあって友人ともなじめなかった。学校に向かっていても、途中にある雀荘に入り浸ってマージャンばかりしていたこともある。あまりいい学生生活とはいえなかった。

学校の勉強はあまりしなかったけれども、中国のことだけには興味があった。自分が行っていた中国とはいったいどんな国だったのか、もっと知りたかった。神田の古本屋で魯迅や中国関係の本を探したりした。

そのころ、慶応義塾大学の法学部は法律学科と政治学科に分かれていた。さらに、政治学科のなかに中国政治という専門分野があった。私はもっと中国政治史を知りたいと思い、大学院に進んで、前法学部長の及川恒忠《つねただ》先生の研究室に入って勉強を続けた。大学時代は不真面目な学生だったけれども、私は中国に関してだけは一生懸命勉強した。

大学院で書いた修士論文『中国共産党の史的発展』。中国への興味は今だに持ちつづけている。（昭和30年）

嫌々始めた父の仕事だったが、自分の中の知らなかった可能性を発見

大学院は二年制である。しかし、私はもっと中国のことを知りたかった。及川先生を尊敬していて、もっと先生についていていたいという気持ちもあった。それで修士論文を出さずに、もう一年残って、先生の手伝いをしながら研究を続けた。三年の終わりになって書いた私の修士論文のテーマは『中国共産党の史的発展』である。先生はＡランクで合格させてくれた。

卒業も間近という二月。及川先生が心臓病で倒れ、亡くなってしまった。

私はそのまま及川先生について助手として大学に残るつもりであったから、就職は決めていなかった。及川先生のいない大学では、残っていても仕方がない。私は就職もしないまま、学校を卒業してしまった。

そして、なにをなそうという気持ちもなくぶらぶらしている私を見かねて、父が家業を手伝うよう声をかけてくれたのだ。私はしぶしぶそれに従った。はじめから仕事に対して志や意気込みがあったわけではまったくなかった。

仕事というのは、不思議なものだと思う。

はじめは嫌々だったのに、毎日取り組み、考えたり工夫を重ねていくうちにだんだん仕事そのものが面白くなってくる。ともに働く人との関わりの中で、気づかされることもある。自分の中に、それまで知らなかった能力や可能性を発見するようになるのだ。

仕事をしていくことで、次第に私は自分自身が変わっていくのを感じていった。

第七章　多くの人との出会いに感謝

中国史の恩師、及川恒忠先生

第五章でふれたように、私はまだほんの一五歳だった少年のころに軍隊に志願して中国大陸に渡った。関東軍に配属されて満州の地を見て、南京では中国人の農家の家に寄宿して南京虐殺についての話を聞き、上海では中国共産党と国民党の争いを見てきた。そのころの私は、歴史的な事実も政治的な背景もよく知らず、先入感のない心で見聞きしていたのだ。

やがて戦争が終わり、私は幸運にも生きて日本に帰ってくることができた。そして、攻玉社に復学し、慶応義塾大学法学部に進んだ。

大学時代、私は決して勤勉な学生とはいえなかった。戦争に行って来た反動で投げやりな心を持て余していた。過酷な軍隊生活のために、帰国後すぐにマラリアにかかり、大学三年のときには肺結核を患い半年ほど寝たきりの生活を送ったりしたことも、勉強に身が入らない原因のひとつだったかもしれない。

けれども、私は大学時代に非常に強い興味を持ち続けていたことがひとつだけあった。それは、「自分が行っていた中国とは、いったいどういう国であったのか」ということである。このことだけは、どうしても深く知りたいと思った。神田の古本屋街に出かけては中国関係の書物を片端から集めて読み、中国の要人が来日すると聞けば出かけて行き、遠くから見つめていたりした。

私は、中国のことだけは納得のいくまで勉強していたかった。私は大学院に進み、「中国現代政治史」を研究することにした。当時の慶応義塾大学法学部は、法律と政治に分かれていて、政治の中に中国政治史があったのだ。そのときに、中国政治史と中国共産党史について指導してくださったのが、当時慶応義塾大学前法学部長であった及川恒忠先生であった。当時、のちに塾長になる石川忠雄さんが中国政治史の研究助手を務めていた。

普通、大学院は二年間で修了する。しかし、私はもう少し及川先生のもとで中国政治史の研究を続けたかった。そのころの私は、まだ先生の助手を務めるほどのレベルになっていなかった。私は「もし余裕があるなら、修士論文を出さずにもう一年私の手伝いをしたらどうですか」という先生の言葉に甘えた。

私は大学院を修了しても、大学に残って及川先生の助手を務めることになっていた。ところが、卒業を目前にした二月に突然先生は病に倒れ、亡くなってしまったのだ。急性心不全だった。

先生には、このような思い出がある。

先生は、神奈川の二宮のお寺に住んでいらした。ときおり尋ねていくと、美しい奥様が対応してくださった。

ある日、私が研究室で一生懸命調べ物をしていると、「赤津さん、あなたになにもしてあげられないけれど、ここに中国の古いお札があるから持っていらっしゃい。将来なにかの役に立つかもしれないから」と仰ってくださった。まだ戦後間もなく、みな生きるのに精いっぱいのころである。中国のお金が役に立つとは思われなかった。そのままお札を机に置いたままにしておくと、ある日ふと気づくと見当たらなくなってしまった。

そうしているうちに、先生は急死されてしまい、中国のお札の行方も分からなくなってしまった。先生が、きっと学校のものとして、図書館かどこかに寄贈されてしまったのだろう。今にして思えば、相当な金額だったのではないだろうか。

その後、私は家業を継ぎ、ＬＰガスの事業に転換して今日までやってきた。しかし、中国に対する興味関心は依然として持ち続けている。仕事を通じて中国との関わりもあり、

慶応大学院１年のころ。向かって左が私、右側手前が山脇譲さん、後ろ右が山下則夫さん、後左が牛尾治朗さんの兄の吉朗さん。いつもこの４人でつるみ、牛尾家のベントレーを乗り回していた。（昭和27年）

しばしば中国を訪れて、その変化を目の当たりにしてもいる。

今、私の生きがいは中国への興味と関心である。中国の胡錦涛主席と中国共産党の将来について、非常に興味を持っている。現在、すでに中国の経済はいっぱいいっぱいだと思う。これがどのような形になるのか。私がもしあと一〇年生きていられるとするならば、それを見届けたい。そのために少しでも長生きしたいと思うほどなのである。

大学時代の三人の友人

大学院を修了したが、就職もせずにぶらぶらしている私を見かねて、父は家業を手伝うように声をかけてくれた。しかし、私にとって真っ黒になって働く練炭の仕事は、魅力的なものではなかった。今と違って、戦後間もないころは大学に行く人も少なく、ましてや大学院まで進んで学問をするものなどさらに少ない時代である。プライドもあったろうと思う。

仕事が面白くない私にゴルフを勧めたのが、大学・大学院時代の友人だった牛尾吉朗さんである。彼はそのころは珍しい、アメリカのゴルフ雑誌を私に見せてくれたのだ。ゴルフそのものが目新しく、いかにもエリートがするスポーツといった風であった。私は会社にも行かず、ゴルフ練習場に通うようになってしまった。昭和二九年（一九五四年）ごろのことで、私は二六歳くらいだったと思う。

その後、ゴルフはずっと私の楽しみとなっている。かつてはシングルプレーヤーだったが、八〇歳になる今は、一八ホールを回ることを楽しみとしている。

ゴルフを私に教えた牛尾吉朗さんの弟は、経済同友会の会長を務める牛尾治朗さんである。兄の吉朗さんは慶応義塾大学を出て銀行に入り、弟の治朗さんは東京大学を出て別の銀行を経て、ウシオ電機の社長となったのである。牛尾兄弟とは、しばしば麻雀の卓を囲んだりもした。

牛尾吉朗さんに勧められて始めたゴルフ。はじめは家業が面白くなくてゴルフに逃げていたのだが、今では仕事以外の大事な友だちのような存在になっている。

彼らの実家は神戸にあり、別邸が東京の有栖川公園のそばにあった。神戸の家に遊びに行くと大変な豪邸であり、関西の名家とはすごいものだと感心した。

もうひとりの親友が、山脇学園の理事長を務めている山脇譲さんである。大学を出てすぐに山脇学園の経営に参加するようになった山脇さんとも、長いつきあいが続いている。

スポーツマンで親しかったのが、リコーの写真部長を務めていた山下則夫さんである。彼はリコーのラグビー部を創設したことで知られている。大学時代、最も健康でスポーツマンだったのに、彼がいちばん早く亡くなってしまった。人生とはわからないものである。

先を見る目があった堺屋太一さん

昭和三〇年（一九五五年）代から続く高度経済成長を支えたのは、次々に大きな油田が発見され、安く供給できる石油というエネルギーのおかげであった。エネルギー事情は、それまでの石炭から、完全に石油にシフトしていった。しかし、高度経済成長は第一次石油ショックを引き金に始まった未曾有の不況によって突然終わりを告げることになる。

昭和四八年（一九七三年）の第一次石油ショックとそれに続く世界不況をきっかけに、サミット（先進国首脳会議）が始まった。第一回は昭和五〇年（一九七五年）にフランスのランブイエで、カナダとロシアを除く六ヵ国で開催された。国際的な問題を討議して解決していくことが目的だった。

石油ショックは、日本国内ばかりでなく、全世界的な大問題だったのである。

では、第一次石油ショックは、なぜ起こったのだろうか。

そもそもの発端は一九四〇年代から五〇年代にかけて、中東でつぎつぎと大油田が発見されたことによる。第二次世界大戦が終わったのは昭和二〇年（一九四五年）だから、世界中が戦後の復興をする時期に、油田発見が重なったわけだ。そうして石油は過剰に増え、値下がりした。一番安かった一九七〇年代には一バーレルあたり一・三ドルにも下がってしまった。戦前の六分の一くらいになってしまったのだ。

石油が値下がりすると、いろいろな利用法が考えられるようになった。

石油から安い化学肥料が作られるようになると、農産物の生産が増えて過剰になる。合成繊維が安く出回るようになる。石油が安くなるとそれで発電し、電気料金も安くなるので、電力を使って作るものも安くなるのだ。人々は石油を使って作る商品を次々に考え出した。安い石油をどんどん輸入して、石油を使った商品を開発し、高度経済成長を支えていったのだ。

高度経済成長期には、「大きいことはいいことだ」という言葉が流行ったが、これはその当時の気分をよく表している言葉だろう。コマーシャルにもなったので、聞き覚えのある方もいるかもしれない。

日本国内には、ほんの少ししか油田はない。とても国内の消費をまかなえる量ではないのだ。輸入に頼っているのに、その安い石油が豊富に輸入し続けられるということに、日本の国民はなんの疑問も持たなかった。

ところが、現実は違った。

中東の大油田は五〇年代はじめをピークに次第に発見されなくなってきた。ところが、石油の使用量は年々急増し、七〇年代になると、発見される資源量よりも消費量の方が上回ってきた。人類の持つ石油資源の採掘可能な埋蔵量は減少に向かうことがはっきりし出したのである。世界の動きを察知することができる一部の人たちは、「埋蔵資源である石油は、掘り続けていればいつかはなくなる」と気づきはじめた。

しかし、その認識は間に合わなかった。昭和四八年（一九七三年）には第四次中東戦争の勃発を機に石油ショックが起こってしまう。アラブ諸国が石油を戦略的武器にして出さないようにしたのである。ちなみに、外国では石油ショックといわずに「オイル・クライシス（石油危機）」という。日本では資源が豊富にあることに慣れきっていて、まさかそれが輸入できなくなるとは考えていなかったので「ショック」だったのだ。

かつてはボーリング場を経営したこともあった。ベニーボール蒲田開設記念パーティーにて。向かって左は、現東京都知事の石原慎太郎さん、中央は兄の弥喜雄、右は私。(昭和47年)

「日本には資源がない、輸入しか頼るものがない」と気づいたとき、すでに経済の形態は「安い石油を使って商品を作る」という形にでき上がってしまっていた。いまさら、「原料が手に入らないから作れない」というわけにいかない状態になっていたのである。

国も市民もあわてた。「値段がどんなに高くても構わない、量を確保しなければ」と官民をあげて石油の買い上げに走った。その結果、価格の高い石油によって作られた商品はみな値上がりしてしまい、消費は冷え込んで深刻な不況となってしまった。

昭和五四年（一九七九年）にはイラ

ン革命を契機として第二次石油ショックが起こる。

この二回の石油ショックを契機に、日本が行ったことはふたつある。

まずひとつめは、備蓄タンクを作ったことである。

石油に関連する企業には備蓄を義務づけ、国も備蓄ができるタンクを作った。石油の備蓄量は民間が国内消費量の八三日分、国が九四日分を備蓄している（二〇〇七年二月現在）。併せて約一八〇日分くらいの備蓄タンクがあるのである。半年間まったく輸入しなくてもやっていけるだけの備蓄があるという国は、ほかにはない。すると、仮に石油が値上がりしても、買わずに値下がりするまでじっと待つことができる。「石油を買わない権利」が生まれるのである。世界中の国が備蓄タンクを持ったら、ＯＰＥＣ（石油輸出国機構）に勝てる。ＯＰＥＣの都合に振り回されずにすむ。それは自国のためになるばかりでなく、世界全体の石油価格を押し上げずにすむということでもあるのだ。


ふたつめは、省エネ技術の開発である。

第一次石油ショックで苦労を強いられた企業は、みずから石油に頼らない製品の開発を始めた。省エネという意識を持つようになったのだ。

これは、国が考える予想をはるかに超えたものだった。経済産業省が発表した平成一六年（二〇〇四年）年報によると、石油ショック前まで石油は日本のエネルギー供給の約八割を占めていたが、二〇〇三年には約五割にまで低下している。まさに、省エネ時代が始まったといえるだろう。

第一次石油ショックが起こる直前に、すでにごく一部の人や通産省（現・経済産業省）では石油供給の危機が近々ありえると警告を発していた。当時、まだ通産省の役人だった堺屋太一さんもその一人である。堺屋さんは昭和五〇年（一九九七年）に『油断！』という本を書いて作家としてデビューしたが、その本の構想を練りだしたのもこのころだという。

私は堺屋さんの上司と懇意だった関係で、堺屋さんと知り合うようになった。いろいろ話をしていると、「私、そろそろ通産省を辞めようと思っているんです」と言うのだ。大変先を見る力のある方だったから、独自の活動をしていきたかったのだろう。お願いすると講演を引き受けてくれて、二～三度一緒に車に乗って箱根に行き、石油関係の人を集めてお話をしていただいたりした。通産省の見通しやご自身の意見を社員や関係者とともに伺っていたのである。

まだ通産省に勤めていたころで、「足代だけでいいですよ」と言ってくださり、気持ばかりの謝礼でお願いしていた。ところが、本が売れ出して昭和五三年（一九七八年）に退官されてからは、次々と話題作を発表してどんどん人気作家になってしまい、いまではとてもそんな金額でお願いできる方ではなくなってしまった。

しかし、経済が大きく変動した激動の時代に親しくお話をうかがえたことは、私にとっても社員にとっても、とてもありがたいことだった。

変化に対応する機敏さを持つ三好三郎さん

第一次と第二次石油ショックで高度経済成長がストップしたとき、やはりいち早く動いた友人がもう一人いる。

私とはゴルフの仲間である三好三郎さんは、「これからは、たくさん飲み食いできればいいという時代ではなくなる。『食の文化』の時代が来る」と感じたという。

彼は、立地のよい場所を選んで『マキシム』や『サバティーニ』などの高級料理店を誘致してオープンさせたのである。これは皆さんもよくご存知のように、時代にぴったり合った選択であり、大変な成功を収めることとなった。

年に10回ほど、社長クラスが集まって勉強会を行っていた。安倍晋太郎代議士にもたびたび講演をしていただいた。（昭和50年代）

もっと驚いたのは、彼はゴルフの会員権がピークだったときに売り抜いてしまったことだ。

彼も私と同じように、日本にゴルフが入ってきたころから始めている。私が箱根カントリーの会員になったころは、会員権は一五万円だった。それがみるみるうちに値上がりをし、気がついたときにはなんと一億円を超える金額になっていった。彼は一億四〇〇〇万円になったときに、その会員権をすべて売ってしまったのだ。

その後、箱根カントリーは一億八〇〇〇万円まで値上がりした。三好さんは、「自分は売るのが早すぎた」と悔しがっていた。しかし、果たしてそうだろうか。「まだ上

勉強会「晋友会」の新年会が始まる前に、控室にて安倍晋太郎代議士とともに。（昭和50年代、帝国ホテルにて）

がるかもしれない」と握りしめているうちに、いつの間にか価格が沈静してしまうのが普通の人の対応だろう。

事実、現在、箱根カントリーの会員権は一二〇〇万円くらいである。三好さんの判断の素早さ、思い切りのよさに私は感服した。三好さんからは、経営に対する感性を学ばせていただいている。

余談になるが、現在『サバティーニ』をはじめとする高級料理店では、「アクアクララ」で作った氷を飲み物に使ってくれている。そんなご縁も大切にしていきたいと考えている。

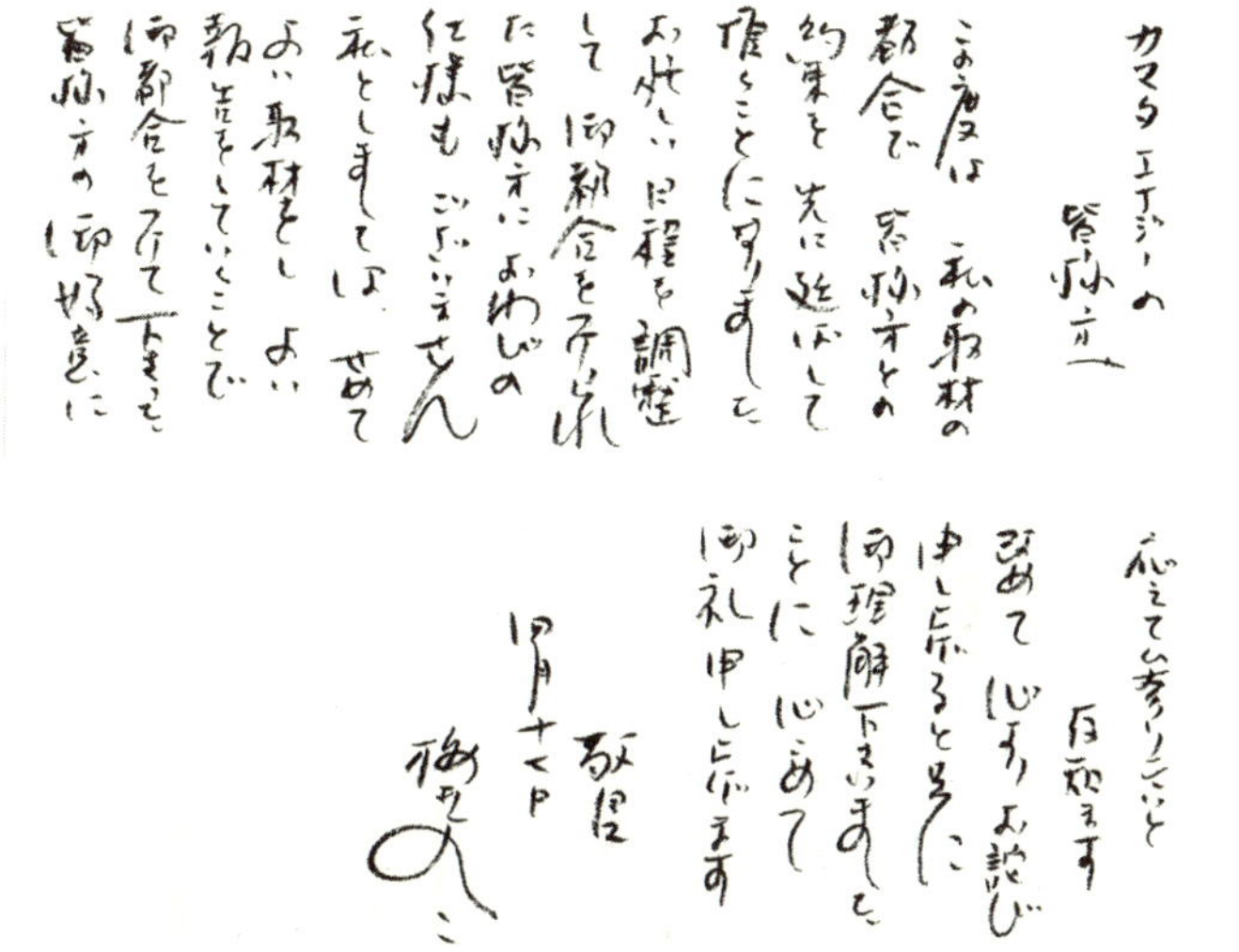
カマタエナジーの
皆様方へ
この度は 私の取材の
都合で 皆様方との
約束を 先に延ばして
頂くことになりました
お忙しい日程を調整
して 御都合を付けられ
た皆様方におわびの
仕様も ございません
私としましては せめて
よい取材をし よい
報告をしていくことで
御都合を付けて下さった
皆様方の御好意に
応えて参りたいと
存じます
改めて 心よりお詫び
申し上げると共に
御理解下さいました
ことに 心こめて
御礼申し上げます
敬具
四月十七日
櫻井よしこ

櫻井よしこさんからいただいたお手紙。和紙にふくよかな毛筆で書かれている。礼儀正しい櫻井さんらしい、とても品のある字である。

礼儀正しい櫻井よしこさん

その後、LPガス事業でさまざまな挑戦を続けているときのことである。ジャーナリストの櫻井よしこさんを社内の勉強会にお招きすることになった。私はお話を伺うのを楽しみにお待ちしていた。

しかし、急拠その日、櫻井さんは国会の取材に行かなければならなくなってしまったのだ。国会の質疑応答は一度限りのことである。国会の質疑応答は一度限りのことである。別の日に取材、というわけにはいかない。国会の質疑取材を優先するのが当り前である。普通なら、秘書に電話してきて「国会があるので、ごめんなさいね！」というところだろう。

ところが櫻井さんは、「約束していた日時に行けなくなって申し訳ない」という謝罪の手紙を、巻き物に墨の色も鮮やかな毛筆で書いてきてくださったのだ。こんなに丁寧なお手紙をいただいたのは、はじめてであった。私はさわやかな気持ちになり、櫻井さんは後日改めて勉強会にお越しいただくことになった。

巻き物のお手紙は、文字もとても丁寧で美しく、文章もすてきである。やはり多くの人に愛されながら仕事を続けていく人は、どこか違うものである。

燃料電池の指導をしてくださった佐々木正先生

私は現在、五年後のエネルギー事情を見つめて、燃料電池システムの開発と普及に努めている。この開発の指導をしてくださったのが、もとシャープの副社長であった佐々木正先生である。

半導体の研究に取り組み、ポケットに入る小さな電卓を開発したことで世界的に知られる研究者である。佐々木先生は、私が燃料電池に取り組むにあたって、企業を越えたかたちで科学的かつ技術的なシステムや実際での利用の仕方をアドバイスしてくださった。

当社が業界で一番早く燃料電池を取り入れることができたのは、指導をしてくださった佐々木正先生（中央）のおかげである。先生は知識も人柄も超一流の方である。背景に見えるのは、御殿場のレモンガス研修・宿泊施設で、燃料電池によって電気・ガス・給湯・お風呂のすべてを賄っている。（平成16年ごろ）

先生は、人間的にもとても素晴らしい方である。私たちばかりでなく、多くの企業人をバックアップしてくださることでも知られている。

ソフトバンクをここまで育てた孫正義さんも、佐々木先生に助けられた一人だと聞く。彼が若いころ、事業がうまくいかなかったときに「あなたを信用します。私が保証人になってあげましょう」といって助け、それがもとで今日の孫正義さんがあるという。

佐々木先生のような方に巡り

合ったのも、私にとってはとても幸せなことであった。

ともに働く社員と販売店の方々

私は大学院で中国政治史を勉強していたのに、ある日突然家業を手伝うことになった。社員がたった二五人の小さな練炭会社である。そこに足を踏み入れたとき、私は「この会社はこのままでは潰れる」と思った。逃げるわけにはいかない、なんとかしよう。しかし、大学院を出たばかりのものがいきなり入ってきて、偉そうなことばかり言っていたら、誰もついて来てはくれないだろう。私は必死に働いた。真黒になって練炭を運び、誰よりも働いた。

社員の陣頭指揮をとって働くとき、私が心がけたことがふたつある。

まずひとつは、ともに働く社員を大切にすることである。

それはすなわち「社員の生きがいを考える」ことだった。例えば、LPガス販売は、プロパンのボンベを家庭に届ける配送ビジネスだった。はじめのころは、トラック一台にドライバーと助手の二名で月に四〇トンのガスを運ばせていた。これを輸送するボンベ数に応じて、賃金が増す方式に切り換えた。労働の対価に見合った収入を得られるようにした

販売店会の方々とともに、親睦を兼ねたはじめての海外旅行。香港・マカオ・台北の旅。（昭和43年）

ことで、生産性ははるかに向上した。乗務も一人一台となった。

より大きな生きがいを、という考えはグループ会社、販売店の方々、独立する社員に対しても同様である。社員が独立するときには、この業界の慣例だったノレン分けを廃し、テリトリー外での独立を支援した。彼らは今、グループの大切な核に成長している。

ふたつめは、全国にある販売店の方々から信頼を得ることである。創業のころは社員が直接お客さまにガスをお届けしていたが、その後、販売店を通じて小売りをする必要が出てきた。次第に増えていく顧客に対して、そのエリアの販売店を強化する必要があったのだ。

私が会社を引き継いで間もないころから一緒にやってきた販売店の方々もいる。今では二代目、三代目と引き継いで四〇年も続く大切なパートナーである。彼らは、会社はもちろんだが、私自身を信頼してついてきてくれた。なにか難しい状況が生まれたとき、ともに協力して乗り越えていく。その力は理屈ではなく、信頼から生まれるものなのである。

何度も命を助けてくれた聖路加国際病院

私は新しいことが大好きである。

まだカードが一般的に普及する前、日本に初めて入ってきたカードがダイナースクラブの国際カードだった。

さっそく入会した。今でこそカードを四〜五枚持つのはごくあたりまえだが、昭和三八年（一九六三年）の入会当時はカード決済など知っている人すらいない時代だった。

聖路加国際病院が人間ドックを始めたのもそのころである。こちらも今では一般的だが、当時は入会者が少なく、私はダイナース・インターナショナルの紹介で入った。以来、私は病院は聖路加と決めている。

現在はハートセンター・循環器内科の高尾信廣先生、整形外科の伊藤幹人《みきひと》先生、泌尿器科の村石修先生に大変お世話になっている。高尾信廣先生は家族全員がお世話になっている我が家の主治医である。

平成一九年（二〇〇七年）、人間ドックでPSA数値がグレーゾーンの8と出て、その後の精密検査の結果、前立腺がんを宣告された。手術・放射線治療・投薬治療の中から、私は放射線と薬での治療を選択してお願いすることにした。

放射線治療は、平日の決められた時間に前立腺に放射線を照射するという治療方法である。治療を始める一時間前に排尿し、500ミリリットルのペットボトルを1本飲む。私がその治療を受けたのは、三月の寒い時期であった。水を飲み、膀胱のまわりを抑えられるとき、排尿を我慢するのがとても苦痛だった。おかげさまで治療後は、SPAの数値が八以上だったのが、〇・〇四以下となり、平成二一年（二〇〇九年）五月の最終検査をクリアし、先生よりOKをもらうまでになった。

この前立腺がん以外にも、四〇年ほど前に肺炎で三週間、三〇年前に胆石で一〇日間入院治療をするなど、聖路加国際病院には長年お世話になっている。

平成二〇年（二〇〇八年）三月一日、映画『明日への遺言』を観るため、品川パシフィック側から映画館に行く階段を昇ったとき、後ろから若い長身の学生風の男が階段を駆け上がり、前にいた私の肩を押した。その反動で私は階段を踏み外して転がり落ち、コンクリートの柱の角にはげしく頭をぶつけて、左の耳が裂けて血が流れた。通りかかった二人の若い人が「大丈夫ですか？」と心配そうに尋ねてくれ、私が返事をすると「救急車に連絡するから、そこにいてください」と緊急対応してくれた。

突き飛ばしたのも若い人なら、助けてくれたのも若い人であった。

私は耳から出る血をハンカチで押えながら、携帯電話で自宅に電話をかけた。救急車でどこかの病院に運ばれるのが不安で、どうしても聖路加に行きたかったからである。その日は土曜日で、自宅に次男の裕次郎がいるのを私は知っていた。車で来れば一五分である。幸い、裕次郎は自宅にいて、事情を聞いて飛んできてくれた。耳からはだらだらと血が流れている。「聖路加に連れて行け」と私が言うと、「聖路加までは三〇分はかかるぞ。親父、それまで大丈夫か」と裕次郎は不安そうに言う。

「聖路加だ」。私が再び言うと、裕次郎は仕方がないと思ったのか、車を走らせた。

病院に着くと、看護婦さんが緊急窓口で耳の傷口をガーゼで拭きながら二、三の質問をし、私が事情を説明すると、その後待合室で待たされた。怪我をしたときから計算すると、当直の医師の診察まで一時間近くかかった。

頭を強く打っているので、黄色い線の上を一〇メートルくらい歩かされた。さらに手足の運動を確認し、脳に異常がないと判断されたのか、直ちに耳の手術をすることになった。手術は三時間ほどかかり、一九針も縫うはめになった。三月の救急病棟は寒かった。手術の時間があまりに長いので、待っている家族は大変心配したそうである。手術が終わり、頭全体に包帯を巻いていたが、気分が悪いということもなく、いたって元気に帰宅した。

この事故は、家族以外は会社の人も誰も知らなかった。翌々日、三日の月曜日は月始めの朝礼がある日である。頭に包帯を巻いて出勤すると、社員たちは驚いたが、三〇分ほどの月例を無事すませた。

二週間後、一九針の傷口が抜糸された。一九針も縫った聖路加の若い先生は、名前も尋ね忘れたが、手術は完璧であった。今では耳の傷口もまったくわからない。

私はいつも聖路加である。あのときもどうかよろしくお願いします。

勇気を持ってチャレンジする

私の事業を引き継いで、現在は第一線で働いてくれている家族のことについて書きたいと思う。

私は三二歳のときに結婚した。妻の美奈子はまだ二〇歳。家族全員の反対を押切り、家を飛び出し結婚をした。そのとき生まれた子が長男の慎太郎であり、やがて長女の菜穂子と次男の裕次郎が生まれた。

もともと芸術的センスのあった妻の美奈子は、子育ての傍らサンドブラストの勉強を続けていた。子どもたちが育って手を離れると、イギリスに留学して勉強し、帰国後は本格的にサンドブラスト作家として独立した。会社の事業としてコージェネレーションシステムのマンションを建築したり、燃料電池システムの建築物を建てるときなどには、妻は手の込んだサンドブラストやステンドグラスの作品を作ってくれ、それらはロビーや玄関アトリウムなどを華やかに彩っている。

長男の慎太郎は、慶応義塾大学を中退してアメリカに渡り、ブリッジポート大学を卒業

サンフランシスコを旅行中に妻の美奈子と。（昭和56年）

し、アメリカの企業に就職した。その後、私の希望でカマタ株式会社に入社し、現在は九州地区のレモンガス事業を継承し、ＡＣレモングループから分離独立した。

グループの本体はカマタからレモンガスと名前を変えたが、慎太郎はその名前を受け継ぎたいと言い、企業名をカマタ株式会社と変更して現在に至っている。

ガス事業ばかりではなく、彼はグローバルに事業を展開している。外国の商品の流れに敏感で、いくつかの高級ブランドを日本に初上陸させて成功している。イタリアの高級メンズブランド「AL BAZAR（アル　バザール）」を東京・広尾にオープン、貴重なクロコダイルを用いたイタリアのラグジュアリーファッションショップ「SHIRO（シロ）」を東京・帝国ホテル内にオープン、イタリアの時計・ジュエリーブランド「GRIMOLDI（グリモルディ）」が展開するファッションウォッチの販売会社「VAVENE・JAPAN（ヴァベーネ・ジャパン）」の設立などである。さらに平成二一年（二〇〇九年）四月、新宿丸井本館一階に素材にこだわるイタリア・トリノのジェラテリア「GROM（グロム）」をオープンさせ、連日一時間以上も行列ができる様子が話題になっている。

私と同様ゴルフを好み、慶応義塾大学とブリッジボート大学でゴルフ部に在籍し、ハンディは1の腕前である。

長女の菜穂子は慶應義塾大学体育会女子ゴルフ部のキャプテンを務めていた。ハンディは8で、太平洋マスターズのプロ・アマ戦に出場し、ドラゴン賞を取るなどしている。大学の同級生で、ガス会社のライバル企業である東京電力の社員と結ばれ、現在は一人娘にゴルフの指導をするよき母親である。

長男を慎太郎と名づけたとき、もし次男が生まれたら裕次郎とつけようと決めていた。裕次郎は青山学院大学経営学部を卒業後、アメリカへ留学し、現在はアクアクララ株式会社の代表取締役社長として宅配水事業を拡大すべく奮闘している。富士経済の調査による

連日若い人たちが行列を作る人気店「ＧＲＯＭ」。オーナーの慎太郎もしばしば店を訪れ、自らお客様にサービスをしている

裕次郎はがっしりとした体格と温厚な性格で、社員をはじめ、多くのビジネスパートナーを取りまとめて事業展開を進めている

と、平成二〇年（二〇〇八年）の販売業績は、この四年間で約四倍の成長を見せ、宅配水事業の№1に成長させた。全国三〇万世帯に供給し、年間一〇〇〇万本以上の宅配水を製造販売している。

「利用者が急激な勢いで増えていくなか、宅配水ビジネスは単なる事業を超えて、社会のインフラに近い存在になっていくに違いない。平成二三年（二〇一一年）までに五〇万件のお客様を獲得したい」という熱い想いを持っている。

裕次郎はアクアクララの顧客サービスの一環として、さまざまなキャンペーンやキッザニアのサポーターをし、ディズニーサマーパーティーの開催などに精力的に取り組むとともに、家電量販店コジマとのタイアップやコインパーキングのパーク24へのアクアクララ導入など顧客拡大に真摯に取り組んでいる。裕次郎はホールディングカンパニーのＡＣレモン株式会社の代表取締役社長をも務めている。

裕次郎のゴルフのハンディは3である。

ガス事業を集約したレモンガス株式会社は甥の赤津欣弥が代表取締役を務めてくれている。平成二〇年（二〇〇八年）一一月に出張中のインド・ムンバイで同時テロに巻き込まれた社長としてご記憶されている方もいるだろう。

私はどんなに困難な場合でも、勇気を持ってチャレンジしてきた。私の父が興し、私が引き継いだ事業を、今は彼らが支え、さらにチャレンジして前進させてくれることだろう。

第八章　環境にやさしいエネルギー

中国は経済発展のスピードは誰も止められない

平成二〇年（二〇〇八年）七月七日から三日間、北海道・洞爺湖でサミットが開催された。

サミットとは、正式には主要国首脳会議といい、首脳の地位を山頂にたとえて「サミット」と通称されている。主要国がアメリカ、イギリス、イタリア、カナダ、ドイツ、日本、フランス、ロシアの八ヵ国であることから、G８（Ｇｒｏｕｐ ｏｆ Ｅｉｇｈｔ）とも呼ばれている。会議には、その年のＥＵ（欧州連合）議長国の政府首脳と欧州委員会委員長が参加して、毎年一回行われるものだ。

本来、サミットは世界の経済的な課題を討議する場だが、昨年のサミットの主要テーマは、気候変動（地球温暖化）問題だった。現在、世界規模で解決しなければならない最優先のテーマが地球環境問題なのだ。

洞爺湖サミットに先立ち、アメリカのブッシュ大統領は記者会見で「中国やインド抜きで、実効ある合意は不可能だ」との見解を述べた。巨大な人口を擁して経済が急成長している中国とインドは、温室効果ガスの排出量も急増していて、もはや主要八ヵ国だけでの議論では解決できない規模の問題になっているということなのである。

主要国首脳会議、と言われてはいるが、実際には主要八ヵ国で行う討議は二日目の八日しかない。あとの七日と九日の二日間は、中国やインドなどの招待国を招いたアウトリーチ（拡大対話）と呼ばれる会合が行われた。これは二〇〇〇年の沖縄サミットではじめて設けられた会合で、それ以降、毎年日程に組み込まれるようになったものだ。昨年、中国からは胡錦濤国家主席が来日して参加した。

私は平成一五年（二〇〇三年）に上海と深圳に行き、その経済成長ぶりに目を見張った。それは、経済成長に需要が追いつかず、すさまじい勢いでエネルギーを消費している姿であった。

私は仕事でインドにもたびたび行ってその様子を見ているが、中国とインドを比較して、どちらが環境を悪くしているかといったら、圧倒的に中国だと思う。インドにはカースト制度があり人々の身分が四段階に分かれていて、それが今でも厳然と守られている。ある層の人は、その中で許される仕事しかできないのだ。経済が発展するためには、ある程度カースト制度の枠を外さなければならないだろう。経済は発展しているけれども、宗教上の問題があるためにそのスピードはある程度コントロールされているのだ。

ところが中国ではそのような問題がないから、みな出稼ぎに行ったりして自由に働くことができる。私が見た限りでは、インドの経済発展のスピードは中国の半分くらいだろうと思う。

中国が環境のためにすべきこと

問題は中国である。冒頭に書いたように中国では、タンクローリーの運転手が札束を握りしめて二〇〇キロも三〇〇キロも離れた場所から、ガスを買いに来る。日本の東名高速にあてはめてみると、東京から沼津までが約一〇〇キロ、菊川までが約二〇〇キロ、岡崎までが約三〇〇キロである。タンクローリーの運転手は、前日に備蓄基地に電話をかけまくって情報を集め、翌日いちばん値段の安い基地に駆けつけるのだという。

それほどまでに、中国では備蓄が不足しているのだ。石油もガスも備蓄がない。今、中国にはランニングストックしかなく、とにかく輸入した石油を急いで使えるようにとあわ

何事にも「勇気を持ってチャレンジ」して、販路を広げてきた。（秋山庄太郎撮影）

てて石油精製工場を作っている状態なのだ。

私は、これは間違っていると思う。精製工場を作る前に、まず備蓄タンクを作らなければならない。ランニングストックしかなければ、手元にあるものが切れたらお手上げだから、仮に石油がどんなに高くなっても買わざるを得ない。

そのためには、少し経済は停滞するけれども、ぐっと我慢して備蓄タンクを作ることが必要だろう。

なぜ中国がそれをできないいか。

中国の経済を停滞させると、どうい

う問題が起こるか。

中国はまだまだ社会資本が整備されていなくて、日本のような医療制度や福祉制度が十分でないために、常にたくさんのトラブルが起こっている。ところが、それは急激な経済成長があるために救われているのである。稼げる場所があるので、いざとなれば出稼ぎに行けばいいと考えているのだ。ところが、経済成長が止まってしまうと、出稼ぎの場所がなくなってしまう。そうすると、生活に困った人たちが暴徒と化してしまう危険性があるのだ。

中国は、本当は経済のスピードをいったん止めたい。そして、工場の立地条件を改善するとか、石油製品の備蓄義務を課したりして、いろいろな整備をしたい。工場の機械を改善してCO_2（二酸化炭素）の排出規制もしたい。けれども、そう思ってもそれをすることができない事情があって、垂れ流しの成長をしているのである。これが、中国が環境問題にも石油価格にもよくない影響を与えている最大の原因である。

「環境税」がやってくる

こういった世界的な流れの中で、環境省は平成二一年（二〇〇九年）から、石油・ガスなどの化石燃料に対して、CO_2（二酸化炭素）の排出量に応じて徴収する「環境税」を導入するよう、与党の税制調査会に提案する方針を固めた。そして、環境税として徴収した税収は、省エネ改修を支援する減税財源に振り向けるという。

石油は限られた資源である。今のままのペースで使い続けたら、四〇年後には枯渇してしまうだろうといわれている。石油もガスも、大量に消費すればそれだけCO_2を排出してしまう。限られたエネルギーを消費するうえに、地球の温暖化を進めてしまうのだ。

今、ガス会社にとって、ガスをたくさん使ってくれるお客さんはいいお客さんである。しかし、五年後はどうだろうか。ガスをたくさん使うお客さんは、地球環境にとってはいい人だとはいえなくなるだろう。五年後には、効率よく使え、CO_2を出さないエネルギーにシフトしていかなければならないだろう。

大量消費から省エネルギーへ、そして低炭素社会を目指さなければならない。

私は以前から、エネルギーをいかに効率的に利用するかを考えてきた。いずれは、エネルギー問題が社会のいちばん大きな問題になるだろうと思っていたからだ。

そのために、二〇年ほど前から新しいエネルギーの開発に取り組んできたのである。

今の儲けにしがみついていると、欲張りザルと同じように捕まってしまう

南方の人たちは、サルを捕まえようとするときに、ヤシの実にサルの手が入るだけの小さな穴を開けておくという。そして、そのヤシの実を紐でつないでおく。やってきたサルは、まわりを見回して、誰もいないと思うとヤシの実に手を入れて中身を握りしめて、取り出そうとする。ところがそこに人間が現れる。サルはあわてて逃げようとするが、ヤシの実の穴に手が引っ掛かっていて逃げられない。もしヤシの実の中身を握っている手を放せば、逃げられるのである。しかし、サルはいったん握ったものを手放したくない。ばたばたしているうちに、人間に捕まってしまう。

実は人もこれと同じなのだ。いったん手に入れたものは手放したくない。経営をしていて、今の儲けにこだわりしがみついていると、サルと同じように捕まってしまう。時期によっては、現在手にしている儲けも捨てなければならないときがある。まわりの状況が変化してしまいそうなら、目の前の利益にこだわらずに、思い切って転身しなければならないこともあるのだ。

今、ＬＰガス業界はその時期に差し掛かっていると思う。これからの一〇年を考えたと

き、世の中の流れを読んで新しいビジネスモデルにチェンジしなければならないときがやってきているのだ。

ひとつのエネルギーからふたつの用途を取り出す

もう二〇年ほど前のことになる。一九九〇年ごろ、私は新しいエネルギーを模索していた。そして、コージェネレーションの開発に着手した。

コージェネレーションというのは、ひとつのエネルギーからふたつの用途を取り出すシステムである。具体的には、LPガスを燃やして発電機を回すことで電気を起こし、発電機の熱を冷却した水を給湯用に使うというものだ。

そのころ、アメリカで三井物産とともにコージェネレーションの会社を設立して共同開発し、「KM7」というシステムを一〇〇台ほど作った。Kはカマタから、Mは三井物産の頭文字から取り、7は七キロワットの意味である。

ところが、家庭用の「KM7」はコスト的になかなか合わなかった。そうこうしているうちに、研究開発費ばかりがかさむようになった。この会社は、カマタと三井物産がそれぞれ資本金の五〇パーセントずつ、それぞれ五〇〇〇万円出し合って、資本金一億円でス

アメリカ・サンディエゴで三井物産と共同出資して設立した会社「デス」で研究開発したコージェネレーションシステム「KM7」。製品化の見通しはなかなか立たず、残念ながら合弁会社は解散してしまった。(昭和61年)

タートした会社であった。カマタと三井物産では、会社本体の資産の格差が非常に大きすぎ、もともと不釣り合いの合弁会社だった。

開発は長引き、製品化の見通しはなかなか立たなかった。早く製品化できて、利益が回収できるならいいが、開発が長く続けばカマタ本体の事業にまで影響を及ぼしてしまう。仕方なく、三井物産に「これ以上は続けられない」と話して、解散させてもらった。三井物産は引き止めてくれたけれども、カマタと三井物産では体力的に差がありすぎて中止せざるを得なかったのだ。

こういった場合には、「せっかく投資したのだから、なんとかして少しでも回収したい」などとずるずる続けたりせずに、すっぱり諦めて手を引くことも大事なことなのだ。

冬の寒さに耐えた花は芳しい

会社の私の部屋には、一枚の色紙が掲げてある。それには、凛とした毛筆の字でこう書かれている。

梅花雪裡香

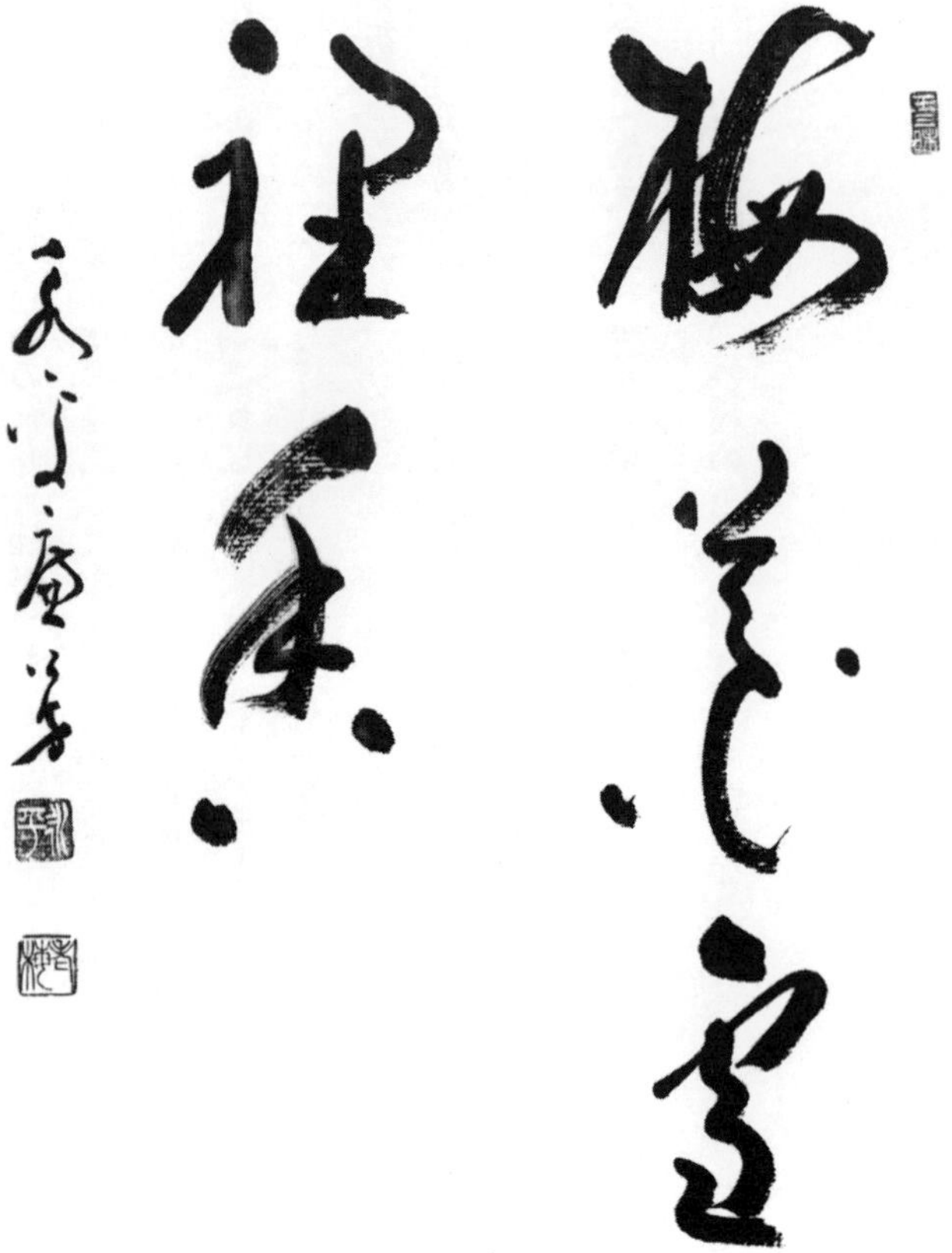

営業部員が永平寺管長からいただいた「梅花雪裡香」の色紙。この言葉を胸に、社員一同頑張り抜いた。

これは、福井県にある永平寺の管長が、カマタの営業部員に書いてくれた言葉である。コージェネレーションシステムは、工場や集合住宅など大型の大量消費型の設備には向いているが、家庭用のタイプを開発するのは難しかった。三井物産との合弁会社を解散後、私たちは独自にコージェネレーションシステムを開発し、販売していた。営業部員は全国に販売して歩いたが、一九九〇年ごろは、現在のようにエネルギー問題も注目されていず、省エネの気分もコスト感覚もまだないころであって、まったく売れなかった。

営業に回っている担当者は、この商品があまりにもお客さまに理解されず、売れないので「どうしよう、僕の努力が足りないのだろうか……」と意気消沈していた。たまたま永平寺のそばを通りかかったときに、参拝に立ち寄り、寺の人に「いちばん偉い方にお話を聞いてもらいたいのですが」とお願いすると、「管長は四時に戻ります。お待ちになったらいかがですか」と勧めてくれた。

帰って来た管長は、「話を聞いてあげましょう」といってくれた。営業部員が、悩みをうちあけると、その場でサラサラと色紙にこの文字を書いてくれた。そして、「これを参考になさい。『梅の枝がぐっと曲がっているのは、冬の寒さに耐えて、雪の重みに耐えていたからである。重みや寒さに耐えていた花だからこそ、咲いたときにはほかの花よりも芳しい』という意味の言葉です。あなたも努力をすれば、きっといつか必ず美しい花が咲きますよ」

と話してくれたという。彼にとって、その言葉は胸に染み入る光明のようなものだったという。努力は人を裏切らない。頑張っていれば、いつか必ず報われるときがやってくるのだ。

「カロリーは文化である」

その後、大型のコージェネレーションシステムはいくつか設置されるようになった。九州にある八階建ての老後老人ホーム「マザーテレサ　ケア院」では、当社のコージェネレーション設備が今でも稼働している。

しかし、コージェネレーションシステムは大型でなければコストに合わないという難点があった。ある程度の戸数のために集中して電気を起こし、熱を取るのでなければうまく稼働しないのだ。

もうひとつの難点は、コージェネレーションシステムは、ＬＰガスを燃焼させることで電気とお湯を取るので、CO_2を排出してしまうということだ。

私は、「カロリーは文化である」と思っている。

私は練炭から、石油、ＬＰガスへと事業転換してきた。練炭は五〇〇〇キロカロリーしかなく、四割も灰が残ってしまう。液体燃料の石油は六〇〇〇キロカロリーで、気体燃料のＬＰガスは二四〇〇〇キロカロリーである。ＬＰガスは、ボンベに入っているときは液状である。それが気体となって出てくるときには、二五〇倍に増えるのだ。時代の移り変わりによって、使われるエネルギーもだんだん変化してくる。

時代が進むに従って、エネルギーはより小さくて大きな働きをするものに変遷してきた。同時に、捨てるものが少なくなるということでもある。たくさんの灰分を捨てなければならない練炭から、よりCO_2の排出が少ないものに変えていくことが求められていくだろう。

原料はなるべく小さく、それに反してエネルギーの力はより大きく。廃棄物であるCO_2の排出量はより少なくなるもの。それが文化だ。ＬＰガスの次には、より小さくてCO_2の少ないエネルギーが来るだろう。

そのためには、コージェネレーションの次のシステムを開発しなければならない。そうして、新しいエネルギーを模索する日々がはじまったのである。

宇宙船のクリーンな発電所を地上でも利用しよう

ＬＰガスを燃やすのではなく、別な方法でエネルギーを取り出せないか。そのヒントになったのは、地球の外を飛ぶ宇宙船である。

宇宙船や衛星はなぜ電線もないのに飛んでいられるか。室内には電気がつき、機械も電気で動いている。宇宙船は「燃料電池システム」で電気を起こしているのだ。

水H_2Oを電気分解すると、水素Ｈと酸素Ｏに分かれる。逆に、水素Ｈに酸素Ｏで化学変化を起こさせれば、電気が生じ、同時に水H_2Oが取れる。これが燃料電池の基本的な仕組みである。

ＬＰガスの主成分はプロパンC_3H_8である。三つのＣのまわりに、Ｈが八個あると考えればいい。このＨだけを取り出して、空中の酸素Ｏと化学変化を起こさせれば電気が生まれ、同時に変化の過程で高温のお湯が出る。

このときに注目すべきは、ＬＰガスを「燃焼させる」のではなく、「化学変化」で電気を作っているためCO_2がまったく排出されないことだ。

この仕組みを利用して、宇宙船は閉じられた空間の中でも電気を得ることができるのだ。もし、宇宙船の中でエネルギーを燃焼させたら、密室である宇宙船の中はあっという間に排気ガスでいっぱいになり、人間は死んでしまうだろう。しかし、燃料電池ならCO_2が排出されないからその心配はない。

宇宙船は、小さくてクリーンな発電所。このシステムを、地上でも利用しよう。

燃料電池とソーラーシステムの合体がマイホーム発電所になる

欧米の先進国に旅行して、ホテルに泊まるときに気づいたことがある。シャワーを浴びるとき、蛇口をひねればすぐにお湯が出てくる。常にお湯が配管を通して蛇口まで来ているのだ。多くの場合、一般家庭でも蛇口をひねるだけでお湯が出るようになっている。

しかし、日本の家庭はそうではない。必ず湯沸かし器が必要である。湯沸かし器は、ガスを燃焼させてお湯を取り出す仕組みだ。しかし、家庭の中で湯沸かし器を使えば、燃焼のために必ず空気が必要であり、CO_2が排出される。それは密室ではとても危険なことである。

湯沸かし器を使わずに、欧米のホテルのように蛇口をひねるだけでお湯が出る。日本の家庭もこのようにならないものか。

そこでLPガスを燃焼させるのではなく、化学反応で電気とお湯を取り出す燃料電池に注目した。CO_2も排出されないクリーンな方法だ。

実際に研究開発してみると、燃料電池の設備では、電気が三割に対してお湯が七割取れることがわかった。しかし、一般の家庭で必要なのは、電気が七割でお湯が三割なのだ。燃料電池だけでは、電気が足らないかお湯が余るかどちらかになってしまう。どう研究してもその差は縮まらなかった。

そのとき、私は「そうだ、ソーラーがあるじゃないか」と気がついた。ソーラーシステムは、屋根に設備を乗せて、太陽の光で電気を起こす太陽光発電である。以前大人気だったソーラーシステムが今では下火になってしまったのは、電気は貯蔵できないという弱点があったからだ。昼間、日が当たっているときには電気はたっぷりあるが、電気が必要になる夜は発電できない。また、天気のいい日ばかりでなく、曇りや雨の日もある。

その弱点を燃料電池で補うと、電気が六・五～七割でき、お湯が三～三・五割取れるようになる。すると、家庭で使うのにちょうどよいバランスになるのだ。

燃料電池とソーラーシステムのドッキング。これはいわば、「マイホームが発電所」になるということだ。これこそが、小さな資源で大きなカロリーを得られて、CO_2も排出しない未来のエネルギーシステムになるだろう。

分散型エネルギー「W発電」は環境にやさしいエネルギー

「わざわざ家で発電しなくても、電気は電線で運ばれてくるし、CO_2だって出ないじゃないか」

と思われる人もいるだろう。電線で送られてくる電気は、確かに各家庭ではCO_2を排出しない。しかし、発電している大もとではさまざまな問題が生じているのだ。

原子力発電は、副産物として放射性物質を生み出してしまう。これをどこに廃棄するかが大変な問題になっているし、発電の際に冷却した高温の水によって海水の温度が上がって生態系が変わってしまう。発電所で作られた電気は、長い送電線によって都市部に運ばれてくる途中で放電して失われ、家庭に届くときには三五パーセントしか残らない。原子力発電をサポートする水力発電は、河川の生態系を壊してしまう。また、重油を主に原料として使う火力発電所からは、大量のCO_2が排出されている。

石油は限られた資源である。しかも、政治的状況などによって価格が暴騰することもある。なるべく資源を使わずに環境を利用した風力発電や太陽光発電など、省エネルギー技術の研究はますます進んでいくだろう。これからは地球環境に配慮し、エネルギーの効率をよくした少量消費時代がやってくるにちがいない。

さらに、考えなければならない問題がある。それは、日本のような地震国で集中型のエネルギーシステムがはたしてよいのかどうかということだ。

平成七年（一九九五年）に起きた阪神・淡路大震災をはじめ、平成一九年（二〇〇七年）に起きた新潟県中越沖地震の際にも、被害を大きくしたのは地震のあとに生じた火事による二次災害だった。都市ガスはほとんどすべてが地下に埋め込まれて配管されており、地震によってガスが漏れ、その上からちぎれた送電線の火花が飛び散って大きな火災が生じてしまう。阪神・淡路大震災では、約八六万世帯ものガス供給がストップし、二次災害を引き起こしてしまったのだ。

日本のような地震国では、集中型のエネルギーシステムは地震が来たらめちゃめちゃになってしまう。なるべく分散させておき、被害を少なく復旧も容易なエネルギーに変えていく必要があるだろう。

最近、私と同じ考えをしている人がいることを知った。平成二〇年（二〇〇八年）五月八日の夕刊フジの記事で、小池百合子代議士がこのようなことを述べている。

「石油資源に恵まれない日本で一軒一軒を発電所にすれば、原油高騰の波や、災害時の電源としても機能するはずである。エネルギー安全保障の観点からも有効ではないだろうか。太陽光発電と燃料電池を組み合わせることは、この先の省エネの主流と考える」

太陽光発電（ソーラー）と燃料電池の組み合わせ。私たちは、この新しいエネルギーシステムを「W発電」と呼んでいる。これこそが省エネでCO_2を排出しない、環境にやさしいエネルギーなのだ。

はじめに道はない。道は自分で作るもの

燃料電池とソーラーシステムをドッキングさせた「W発電」は、一軒の家でもできる。

さらに、一〇軒ほどの家が集まると、もっと効果的に使用できる。それはいわば「隣組燃料電池組織」とでもいうものである。

一〇軒ほどでまとめて「W発電」設備を持つ。そこからお湯は二四時間いつでも取れる。いちいちガスで沸かすのではない。六〇度のお湯がカロリーメーターを通った分だけ、料金を支払う。どの家庭も温水を通した床暖房である。無駄に資源を使うこともない。CO_2も排出せず、地球環境にも優しい。このような社会になることが、今の私の夢なのだ。

現在、この構想を東京都八王子市において「レモンタウン構想」という形でチャレンジしている。私は、やがてこのような省エネ技術が進んだ社会になっていくと考えている。

そして、現在LPガスを配給している営業所は、配給と同時に燃料電池のメンテナンスを担当するように変わっていくだろう。いまからその心づもりで準備していくことが求められてくると思われる。

これからの一〇年がどうなるか。繰り返し述べるが、それを見通すことが経営者に求められる仕事である。世の中がすっかり変わってから悟ることは、誰だってできる。変化の兆しが見えたとき、いち早く転身できるかどうか。新しい事業にチャレンジできるかどうか。そして、リーダーの判断に社員が進んで一丸となってついていくような会社に育てているか。世の中が変わりつつあるとき、これらが会社全体にとって求められることだろう。

私の好きな言葉に、このような言葉がある。これは中国の作家、魯迅の短編『故郷』にあるラストの一文だ。

はじめに道はない。
ひとりが歩きふたりが歩き、
やがて大きな道ができるのだ。

現在、私は八〇歳という年齢である。しかし私は、自分の年齢のことなど気にならない。この気持ちを忘れずに、さらなる未来に向かってこれからも夢に向かってチャレンジしていきたいと考えているのである。

おわりに

これまで私は、戦争に従軍していたころのことを思い出すことはありませんでした。中国で同じ部隊にいた方々からたびたびお手紙や同窓会の案内をいただきましたが、大変申し訳ないと思いつつ、一度も返事を出さず同窓会に顔を出すこともありませんでした。

日本に帰ってきてから、私は家業を継いで、さらに事業転換をさせて生き残らせなければなりませんでした。私の肩には、家族と社員の生活がかかっています。目の前の仕事に取り組むのに精いっぱいで、過去を振り返る暇《いとま》などなかったのです。

ほんの一五歳の少年だった私にとって、「戦争はつらく苦しいことばかりで、思い出したくもない」という心情もあったと思います。

そうこうしているうち、隼飛行第四八戦隊の名簿からはひとり欠け、ふたり欠けと人数が減っていくようになりました。時代がたつにつれて、みなだんだん歳を取って亡くなっていくのです。隊の中では、私がいちばん年少でした。

あるとき、仕事上の打ち合わせで顧問弁護士の及川信夫先生と話していた際、ふとその話をしました。及川先生は、私が会社を引き継いで間もないころから、もう五〇年近く経

営の相談をしてきた、もっとも私が信頼を置いている弁護士です。及川先生は、

「今、赤津さんが語らなければ、日本には戦争があったこと、そのころ少年たちはどのような状態にあったか、戦争を体験して何を感じたか、ということを伝えられる人がいなくなってしまうでしょう。本にして残しておきなさい」

と強く勧めてくれました。なるほど、これはよい機会かもしれない。本を書くことは、戦争のことばかりでなく、戦後、世の中がどのようであり、その中で会社がどう発展してきたのかも残す良いチャンスになるだろうと思われました。

それがこの本を書くことになったいきさつです。私は過去を振り返るのは潔しとしないのですが、経営への考え方や将来への見通しも書き込めば、読む人の役に立つものになるかもしれません。そんな期待を込めて、思い切って私の半生を書き綴ってみました。

私の人生は、多くの人々に支えられてきました。取引関係の方々、ともに歩んだ販売店の方々、商品を愛してくれるお客さまたち。そのような方々に、この場を借りて心からお礼を申し上げたいと思います。最後に、この本の出版にあたり、ライターの高木香織さんと出版社のご協力に感謝します。

赤津　一二

レモンガスを作った男の挑戦
夢をかたちに

著　者　赤津一二
発行者　真船美保子
発行所　KK ロングセラーズ
東京都新宿区高田馬場 2-1-2　〒169-0075
電話（03）3204-5161(代)　振替 00120-7-145737
http://www.kklong.co.jp
印　刷　太陽印刷工業(株)
製　本　(株)難波製本

落丁・乱丁はお取り替えいたします。
ISBN978-4-8454-2157-2　C0070
Printed In Japan 2009